●曾　磊　著

天津人民出版社

# 出行

**图书在版编目(CIP)数据**

出行礼俗/曾磊著.—天津:天津人民出版社,2011.3
(2012.8重印)
(中国民俗文化丛书)
ISBN 978-7-201-06822-0

Ⅰ.①出… Ⅱ.①曾… Ⅲ.①礼仪—风俗习惯—中国
Ⅳ.①K892.26

中国版本图书馆CIP数据核字(2011)第028862号

天津人民出版社出版
出版人:刘晓津
(天津市西康路35号 邮政编码:300051)
邮购部电话:(022)23332469
网址:http://www.tjrmcbs.com.cn
电子信箱:tjrmcbs@126.com
天津新华二印刷有限公司印刷 新华书店经销

*

2011年3月第1版 2012年8月第2次印刷
850×1168毫米 32开本 3.625印张
字数:78千字 印数:4,001-7,000

定 价:8.00元

# 前　言

现代社会的出行方式正发生着日新月异的变化。出行工具也已经发生几次质的变革，从自行车、汽车、轮船、火车、飞机到火箭、载人飞船，人类甚至已经可以实现地球与太空之间的交通传输。新的交通方式不断涌现，交通工具不断更新换代，使得交通效率得到空前提高。出外旅行，也成为一件惬意的享受。这些变化，都是近代工业革命以来，随着技术手段的不断进步从西方传播而来的。在漫长的中国古代社会，主要的出行方式则是徒步、骑行、牛车、马车、轿辇、船，交通效率低下。行旅的艰辛，也是现代人难以想象的。

记载玄奘取经故事的《三藏法师传》中曾经写道："莫贺延碛，长八百余里，古曰沙河。上无飞鸟，下无走兽，复无水草。"所谓"莫贺延碛"，大致在今天塔克拉玛干沙漠的最东部，是从敦煌到吐鲁番的必经之地。玄奘在这里，"逢诸恶鬼奇状异类绕人前后"，因为饥渴而产生了幻觉。更糟糕的是，他在这里迷失了道路，还失手打翻了水袋。"千里之资，一朝斯罄！四顾茫然，人马俱绝。"沙漠的环境也变幻莫测，"夜则妖魑举火，灿若繁星；昼则惊风拥沙，散如时雨。"然而玄奘"虽遇如是，心无所惧"。孤身一人的他，"四夜五日，无一滴沾喉；口腹干焦，几将殒绝"。后来幸亏他的坐骑识途，寻得水源，方才苏息。古人旅行的艰辛，由此可见一斑。

在中国古代文学作品中，感叹旅途艰难的诗歌数不胜数。张衡的《四愁诗》写男子欲遨游天下，但“梁父艰”、“湘水深”、“陇阪长”、“雪雰雰”，恶劣的交通条件使他“涕沾襟”、“心烦伤”、“心烦纡”、“心烦惋”。《古歌》中的男子“离家日趋远，衣带日趋缓，心思不能言，肠中车轮转”，可谓愁肠百结。李白的《行路难》有“欲渡黄河冰塞川，将登太行雪满山”，也充满了旅途的无奈。杜甫《忆昔》中的“九州道路无豺虎，远游不劳吉日出”，则是对安全顺利的行旅生活的一种渴望。

俗话说：“在家千日好，出门一时难。”出外旅行不仅艰难，还充满了各种未知的风险。这些风险有人为的，僻静之处可能遭遇劫匪剪径；有自然的，未开发的山林充满虫蛇虎豹，甚至还包括古人幻化出的种种神魔鬼怪。古代尽量避免的夜间出行，如今则成为一种常态。古代对女子出行有诸多限制，如今则男女无别。古代出行要携带数日饮食，如今则基本不必担心饮食的供应。古人出行大多三二人结伴而行，甚至像“祖席诸宾散，空郊匹马行”的情况也并不少见。现在火车、轮船、飞机等交通工具一次就能运送数百人。

与古人行旅的苦愁相比，现代的行旅生活则显得更加欢快和安逸，这自然与交通条件的改善密切相关。以现今北京至天津铁路里程(120 千米)计算，步行时速 5 千米，需要不停行走 24 个小时；骑马时速 20 千米，需要不停骑行 6 个小时。这样的计算只是一种理想状态，在实际行进中人马都需要饮食休息，耗费时间只能更多。而如今在北京乘坐高速列车只需 28 分钟即可到达天津。

虽然古今出行方式发生了巨大变化，但仍有许多相通之处，一些出行礼俗也得以保留。虽然其形式发生一些变化，但是其中的心理意识几千年来并没有发生太大改变。古人送别要祖道宴饮,今天亲朋好友远行,我们仍然会宴饮送别。古人有祈祝旅途平安的赠言,今天我们也会对出行的亲友送上“一路平安”、“一帆风顺”的祝福。古人出行会祭祀路神、车神,祈望旅途平安,今天一些地区仍然保留这样的习俗。古代已经制定了初步的交通规则,现代的交通法规则更为人性和完备。古人旅行每到一地,会留下题刻纪念,今天我们也会拍照摄像留念。迎接远行归来的亲友,古今都会准备酒宴以接风洗尘。

此书主要介绍了古代行旅生活的点滴礼俗,祈望能够引起读者朋友的兴趣和思索。

# 目　　录

叱咤神行求急速〔1〕
趋吉避凶择日程〔7〕
祖道祭祀祈平安〔13〕
长亭古道惜别情〔20〕
交通规制明贵贱〔27〕
皇族出行炫尊崇〔31〕
餐风饮露饮食苦〔36〕
客舍为家故乡远〔42〕
驿站亭舍逢鬼怪〔47〕
非常夜行禁制严〔52〕
女子外出礼裹足〔57〕
漫漫商旅谨慎行〔63〕
险道败车贼剪径〔70〕
虎狼为患路不宁〔75〕
巫蛊诅道险环生〔79〕
登山涉水习法术〔83〕
行旅禁忌如牛毛〔89〕
行神种种护左右〔95〕
洗尘接风旅途终〔100〕

主要参考书目〔104〕

# 叱咤神行求急速

传说大禹时曾熔炼九州贡献的金属，铸成九鼎。九鼎后来被奉为传国宝器，成为一统的象征。《左传·宣公三年》记载了楚庄王问鼎的故事。楚庄王讨伐陆浑之戎，到达了雒阳。周定王派遣王孙满劳师，楚庄王借机询问九鼎的大小轻重。王孙满回答说，鼎的大小轻重，在德不在鼎。周成王定鼎于郏鄏，占卜得知周世要历经三十代，有七百年天命。现在周德虽衰，然而天命未改。鼎之轻重，是不能随便询问的。问鼎，于是成为图谋夺取政权的象征。据说，夏亡后九鼎迁于商，商亡后又迁于周。周亡后，九鼎沉没于泗水之中。秦始皇统一天下后，还曾专门派人在泗水捞鼎，但最终一无所获。

然而象征一统的九鼎，其原始功用竟然与交通旅行有关。楚王问鼎时，王孙满还说到："昔夏之方有德也，远方图物，贡金九牧，铸鼎象物，百物而为之备。使人知神奸，故民入川泽山林，不逢不若，螭魅魍魉，莫能逢之。"夏代曾经让四方诸侯绘画百物，贡献金属，将画像铸于九鼎之上，以使人民进入川泽山林时不被鬼怪迷惑。铸鼎的目的是为了指导民众旅行，九鼎其实只是标绘图示的载体。

山东嘉祥武梁祠"泗水涝鼎"画像石

江绍原先生曾经指出，人们所熟知的古神话书《山海经》，其实也可以看做“确有旅行指南这特殊功用的实用地理书”。《山海经》中历数各地的名山风物，并且大都标有明确的方向和里程。虽然这些内容多是荒诞不经之辞，但我们不妨把它看做是古人的交通旅行指南。这本交通旅行指南，原本是图文并茂的。晋人陶渊明的《读〈山海经〉》诗中，有“泛览《周王传》，流观《山海图》”之句。可见，陶渊明还曾见过《山海经》的配图。只是后来图像失传，今人见到的只有《山海经》的文本了。

湖南宁乡出土商代青铜人面鼎

夏鼎和《山海经》因为都有交通指南的性质而被古人联系到一起。左思《吴都赋》说野兽禽怪，“名载于山经，形镂于夏鼎”。明人杨慎山《山海经后序》也以为铸九鼎所刻画之图就是《山海图》，文字则是《山海经》，只不过流传下来的只有《山海经》而已。胡应麟则以为《山海经》是受九鼎图画启发而创作的。无论如何，夏鼎传说和《山海经》的出现，都反映了先民已经开始初步尝试交通旅行生活，并对旅行经验做出了图文总结。

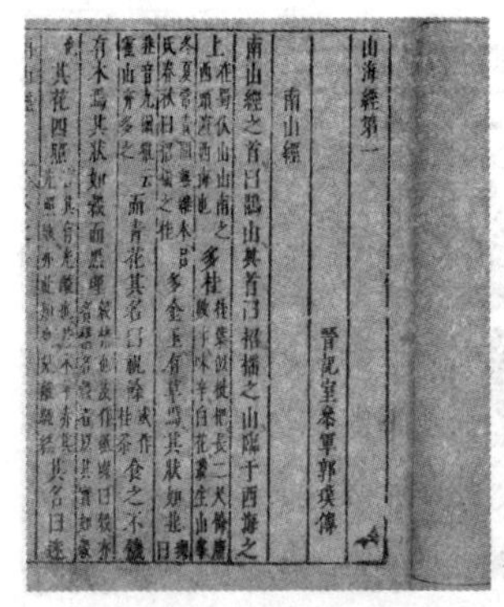
山海經第一
晉記室參軍郭璞傳
南山經
南山經之首曰䧿山其首曰招搖之山臨于西海之
《山海经》书影

上古传说中的黄帝，在行旅奔波中完成了统一的壮举。他“披山通道，未尝宁居”。又不怕辛劳，巡游四方，向东到达海滨，登丸山和泰山；向西到达空桐山，登鸡头山；向南到达长江，登熊山、湘山；向北驱逐游牧民族荤粥，在釜山与诸侯会盟，又在涿鹿修筑城邑。“迁徙往来无常处”，一生事业都与行旅交通有关。另一位古代帝王大禹的事迹也与交通有关。在大禹治水的传说中,他往来奔走,“随山刊木,定高山大川”。因为专心于治水工程,大禹“三过家门而不入”,甚至“昼夜并行”,由于辛劳过度,致使脚上没有脚趾,大腿不生体毛,最终腿脚残疾,走路偏跛。汉代学者扬雄在《法言·重黎》中说:“巫步多禹。”是说后世的巫者有意模仿大禹跛足的步法,称做“禹步”。湖北云梦睡虎地秦墓出土的《日书》中记载,巫人通过城门的时候要行“禹步”并高呼“先为禹除道”。“禹步”,后来成为巫术礼仪中重要的内容,至今在道教的法术仪式中还可以见到。这可能正是因为大禹在治水过程中奔波劳苦,所行“禹步”具有某种神力的缘故。

传说周穆王也是一位喜好远游的帝王。据《史记·秦本纪》和《史记·赵世家》记载,周穆王乘八骏之车巡游西方,拜见了神仙西王母,“乐而忘归”。后来居于东方的徐偃王叛乱,于是周穆王“长驱归周,一日千里以救乱”。西晋初年出土的汲冢竹书中,有一部《穆天子传》,所说就是周穆王西行游历会见西王母的故事。其中提到,周穆王和随行从处于河洛之地的宗周出发,经由河宗、阳纡之山、西夏氏、河首、群玉山等地,一路西行,到达西王母的国土,与西王母宴饮唱和,并一同登山刻石。随后,周穆王又继续向西北行进,在大旷原围猎,然后千里驰行,返回宗周。根据学者的研究,周穆王的车辙很可能已经在今天的中亚甚至

山东嘉祥武梁祠画像石“夏禹”形象

欧洲中部的华沙平原上留下了印迹。

周穆王西游的故事对古代文化形成久远的影响。晋人郭璞在《山海经图赞·西王母赞》中写道:“天帝之女,蓬发虎颜。穆王执贽,赋诗交欢。韵外之事,难以具言。”唐代诗人李贺诗有:“西母酒将阑,东王饭已干。君王若燕去,谁曳车辕。”还有李商隐的名作《瑶池》诗:“瑶池阿母绮窗开,黄竹歌声动地哀。八骏日行三万里,穆王何事不重来?”都是对周穆王西游故事的咏颂。后世喜欢游行四方的秦始皇、汉武帝的游历行为,其实也是对古代帝王巡游四方的一种摹仿。他们也希冀遇到如西王母之类的神仙,以求长生不老。

中国古代与“神行”有关的神话中,常常可以见到某位神灵可以日行千里的故事。上文所说周穆王故事中,穆王乘八骏归返,可以日驰千里,从而火速平定徐偃王的叛乱。《山海经·海外北经》说,夸父追逐太阳奔走,终于接近了太阳。由于焦渴难耐,只得饮于黄河和渭水。河渭二河的水都被喝光,于是夸父向北行进,想饮于大泽,但还未走到就渴死在路上。他所遗弃的手杖化为“邓林”。太阳可以日行万里,敢于向太阳叫板的夸父,其行进速度自然不低。这个充满壮美魅力的传说,在古代有深远的文化影响。夸父手杖化作的“邓林”,又称“桃林”,“桃林之塞”,位置在接近河、渭交汇的函谷关附近。此处历来就是东西交通的要道。《朝野佥载》卷五

山东沂南汉墓画像石“西王母”形象(摹本)

说，辰州的东面有三座山，高数千丈，传说是夸父逐日煮饭时用来支鼎的石头。《太平御览》卷四七引《郡国志》说，台州覆釜山有一个巨大的脚印，传说是夸父逐日时留下的。看来，这位夸父是一位顶天立地的巨人形象。他身躯高大，步伐辽阔，方能与太阳竞逐。夸父逐日的故事体现出当时人们对于交通效率的热切追求。

传说中的神灵降临时，往往风雨俱至。秦人的祖先蜚廉，以善于奔走著称。神话传说中的蜚廉，则是一位风神。据说蜚廉生得"身似鹿，头似爵，有角，尾似蛇，大如豹"，能够"致风气"。《管子·水地》提到一种名为庆忌的精怪。它的形容像人一样，身长四寸，穿黄衣，戴黄帽，骑乘小马，喜好疾驰。如果呼唤它的名字，则可以用它传递信息。千里之外，一日便可来回。古代还有"列子御风"的传说。《庄子·逍遥游》说，列子可以乘风而行，轻捷快便，神妙无比。《述异记》卷下也说，列子乘风而行，经常在立春这一天出游，历行八荒，在立秋这一天回到风穴。他乘风而行，所至则草木欣欣向荣，所去则草木尽行凋落。

据《封神演义》载，哪吒复生时，太乙真人曾赐他"风火二轮"。足蹬风火轮的哪吒可以腾空而起，在天空驰行。清人方浚颐在《梦园丛说》中也记录了"风火轮"的神行奇术："予儿时闻先大人向诸叔父言：伊犁某大臣在京师遇异人，以三千金为贽，授之两奇术。一为风火轮，其法：觅古寺观千年瓦当，雕作两小车轮，装于鞋底之中，捏诀讽咒，其行如飞，日可八百里。”据说有人亲眼见过此种法术，“数百里一日即回程，了无倦意。”妇孺皆知的孙悟空，拥有翻筋斗云的本领。一个筋斗十万八千里，来去自由。据胡适先生研究，孙悟空的原型是印度传说中的神猴哈奴曼。这哈奴曼，原本是风神之子，行进速度自然了得。

印度神猴“哈奴曼”塑像

《水浒传》中的“神行太保”戴宗，也是以急速行进而闻名的。《水浒传》第三十八回《及时雨会神行太保，黑旋风斗浪里白条》介绍说，“原来这戴院长有一等惊人的道术：但出路时，赍书飞报紧急军情事，把两个甲马拴在两条腿上，作起‘神行法’来，一日能行五百里。把四个甲马拴在腿上，便一日能行八百里。因此，人都称作神行太保戴宗。”“甲马”是一种描绘有神佛画像的符纸。借助“甲马”的神力，戴宗行进起来可以只闻“耳边风雨之声，脚不点地”。类似的借助神力疾行的传言，在正史中也有记载。《金史·突合速传》载金军将领乌谷多次进攻石州未果，突合速献计说，敌人都是步兵，金军不应使用骑战。乌谷则听说敌人有一种妖术，将绘有马匹的纸绑在脚上，奔行速度不低于战马，心有顾忌。这种神行传言竟然造成了对方军队主帅的恐慌。

水浒传：神行太保戴宗

中国古代的“神行”故事，其实反映了古人对疾速行进的向往。时至今日，对终极速度的追求依然是前沿科技的热门课题。这种向往终极速度的心理，与古人是一脉相承的。

# 趋吉避凶择日程

古人出行讲究“黄道吉日”。明人凌蒙初《二刻拍案惊奇》卷二“小道人一着饶天下,女棋童两局注终身”写周国能出外远游,“是日是个黄道吉日。拜别了父母,即便登程”。另一部明代小说集《喻世明言》卷一“蒋兴哥重会珍珠衫”写蒋兴哥作别新婚妻子,“拣了个上吉的日期”,“两下掩泪而别。”《红楼梦》第四十八回“滥情人情误思游艺,慕雅女雅集苦吟诗”写薛蟠准备外出做买卖,特意选择了一个“上好出行日期”。第九十七回“林黛玉焚稿断痴情,薛宝钗出闺成大礼”写贾政外出赴任,“恰是明日就是启程的吉日,略歇了一歇,众人贺礼送行。”这些都是传统民间社会注重行旅择吉风俗的写照。

传说上古的帝王就非常重视出行的日期。《史记·五帝本纪》说舜帝出巡要“择吉月日”,也就是出行需要选择吉日。据说,古代帝王出巡需要先卜问出行吉凶,连续五年得到吉兆才可以启程。如果占卜不吉,就要修身养德然后重新卜问。在殷墟甲骨卜辞中,我们可以看到商王卜问征伐、畋游等出行活动吉凶的内容。例如,“贞:勿行出? 贞:行出?”“往来亡(无)灾?”等。“贞”,就是卜问的意思。

明《集雅斋画谱》所见驿行图

商王出行前要进行占卜,然后根据占卜结果来决定自己是否出行。《周易》中也有关于出行择日的卦象。例如,《周易·谦卦》说:“初六,谦谦,君子用涉大川,吉。”可见,在先民早期的历史活动中,人们已经十分关注行旅的吉凶。汉代文学家张衡的《东京赋》中有“卜征考祥,终然允淑,乘舆巡乎岱岳,劝稼穑于原陆”的文句。是说帝王“卜征”得到吉兆,于是前往泰山巡行,沿途顺道劝督农耕生产。这种出行“卜征”的礼仪制度,直到后代仍在沿用。南朝宋人颜延年的《车驾幸京口侍游蒜山作》诗就曾说:“岳滨有和会,祥习在卜征。”

出行占卜的结果能直接左右帝王的活动。《汉书·儒林传·梁丘贺》说,汉宣帝准备前往父亲昭帝的祠庙进行祭祀。就在出行前,担任车队仪仗先驱的一名骑兵的佩剑坠落,插在泥中,剑刃恰巧正对汉宣帝的车驾。宣帝的马因此受到惊吓。汉宣帝因此不快,赶紧召见善于卜算的梁丘贺占卜,结果是此次出行有兵革之忧,不吉。汉宣帝于是急忙回宫,改派其他官员前往祭祀。

不要以为只有帝王出行才进行如此繁琐的占卜仪式,这种慎重择定出行日期的习俗,在民间也非常盛行。东汉人蔡邕的《祖饯祝》有关于出行占卜方面的内容:“令岁淑月,日吉时良。爽应孔嘉,君当迁行。神龟吉兆,林气煌煌。著卦利贞,天见三光。”是说君子出行时选择了一个“日吉时良”的时间,占卜的结果也非常利于出行。汉代人应劭的《风俗通义》说:“俗云五月到官,至免不迁。”官员出仕,要尽量避免五月到任。清末徐珂的《清稗类钞》也说:“官吏上任及人民移家,每忌正、五、九月。”因为这些月都是至尊之位,所以需要避让。清代人出行,要符合天德、月德、时德,建日、开日这样的吉利日子,忌讳月破、平日、收日、闭日、劫煞、灾煞、月煞、月刑、月厌、四废、五墓等凶日。

1975年出土的湖北云梦睡虎地秦墓竹简,其中有两种《日书》文本。《日书》相当于后代的老黄历,是当时人确定时日吉凶,以便行事择吉避凶的数术书。《日书》中有大量与出行有关的内容。如我们可以看到某日“利以行”,某日“行吉”,某日“不可以行”,“凡此日不可以行,不吉”以及“是日在行不可以归,在室不可以行,是是大凶”等出行禁忌。又如,《日书》中规定,正月丑日、二月戌日、三月未日、四月辰日、五月丑日、六月戌日、七月未日、八月辰日、九月辰日、十月戌日丑日、十一月未日、十二月辰日都不吉利,不可以出行。再如,正月上旬的午日,二月上旬的亥日,三月上旬的申日,四月上旬的丑日,五月上旬的戌日,六月上旬的卯日,七月上旬的子日,八月上旬的巳日,九月上旬的寅日,十月上旬的未日,十一月上旬的辰日,十二月上旬的酉日,这些日子也不利于远行。类似的规定,在晋代葛洪的《抱朴子》中也可以看到。有所不同的是,《抱朴子》中的禁忌日期不仅仅局限于某月上旬,而是整月适用。

诸如此类的出行时日禁忌在当时数不胜数,人们的行旅生活竟然有如此繁杂的规则。时至今日,在许多地方仍然使用的老黄历中,也可以看到明确规定某日"宜出行"、某日"忌出行"的内容。很多地方还流传有"三六九出门走,二五八要回家"、"七不出门,八不回家"的说法。出行择日的深远影响,可见一斑。

湖北云梦睡虎地秦墓出土简牍

秦始皇一生敬事鬼神,又喜好出游,他对于出行日期的选择,很可能也遵循《日书》中的规定。例如,《史记·秦始皇本纪》对秦始皇的最后一次出巡的时间记录是"三十七年十月癸丑"。这一天在《日书》中称作"交日"。《日书》说,交日"以祭门,行,行水,吉。"正是出行吉日。在此前的秦始皇二十六年秋天,秦始皇占卜得知迁徙人民大吉,于是向北河榆中地方迁徙了三万户民众。《日书》中说:"正月、五月、九月,北徙大吉,东北少吉。"其中正包括属于秋季的九月,北河榆中也正在秦朝都城咸阳正北。二者恰好相合。

"宁可信其有,不可信其无"的心态,使得出行择日在民间具有广泛的影响。史书中那些因不按占卜结果行事,导致败亡的故事更使人们对出行占卜抱有敬畏之心。《魏书·徒何慕容垂传》记载,慕容宝所乘车辆的车轴,在出行前忽然无故自行折断。专门从事占卜工作的"占工靳安"认为这是"大凶"之兆,曾竭力劝他返回,但慕容宝怒而不从。后来慕容宝又向他人询问,别人也劝他赶紧返回。慕容宝由此大恐。车轴无故折断，被占工看做是行旅“大凶”的征兆。慕容宝因不听劝告，后来竟然果真走向败亡。

“反支”日，是古代星命数术家认为多有禁忌的凶日。在汉代，“反支”日甚至不接受奏章以避凶煞。这一陋习在汉明帝时才被废除。“反支”日在古代民间也有广泛影响。在秦汉时代不同地域出土的竹简中，多次出现“反支”日的记录，可见当时人对“反支”日的重视。汉代还曾经出现过因“反支不行，竟以遇害”的荒唐悲剧。王莽败亡时，大家纷纷四散逃难。一位名叫张竦的人事先已经得知兵祸将临，理应避走。然而当天恰逢“反支”日，不宜出行，于是张竦执意不去，最终死在乱兵刀下。

陕西临潼出土秦始皇陵1号铜车马

民间出行又有忌讳“杨公忌”的说法。《协纪辨方书·辨讹》说：“世俗多畏杨公忌，通书亦多载之，谓其日不宜出行举事，犯之不利。”关于“杨公忌”的来历，说法不一。一说“杨公忌”专指正月十三日。杨公就是宋代大将杨继业，因他在正月十三日在李陵碑

陕西临潼出土秦始皇陵2号铜车马

前殉国,所以此日诸事不宜。一说“杨公忌”每年有十三日。这个杨公是宋代术士杨救贫,据说他在堪舆数术方面有所专长,因此人们都遵从他所认定的凶日。杨救贫的“杨公忌”推算较为复杂,较为流行的说法是正月十三、二月十一、三月初九、四月初七、五月初五、六月初三、七月初一、二十九、八月二十七、九月二十五、十月二十三、十一月二十一、十二月十九。除七月为两日外,其余每月一日,共十三日。

在陕西省合阳县孟庄乡紫光村的杨氏宗族坚信正月十一和十三为“杨公忌”,这两日绝不能出门。民国时,每年正月十一或十三日,杨氏宗族老人就把本族男性青壮年召集到一起,然后查询当日值日神方位,焚纸烧香,跪拜叩头。准备外出的人祭拜后,要在地上捡一小土块,回到家中用黄表纸包裹,供奉于家中神位之前。过了十三日,杨氏家族的男性才可以出门。出门前还有“过火”仪式。由家人在门外用谷草摆一个交叉的十字形,用一张红纸包少许盐,一张包一小撮头发,再将小红纸包放在谷草上。家人点燃谷草后,出行的人从其上跨过,然后方能远行。据说,“过火”可以辟恶除邪,保佑旅途平安。

山东微山汉墓画像石车马出行图

# 祖道祭祀祈平安

“祖道”，是祭祀行神的活动，特指祭祀“祖”神的活动。古人在远行前要举行祭祀行神的仪式，以祈求旅途平安。《诗·大雅·烝民》有“仲山甫出祖”，《大雅·韩奕》中有“韩侯出祖”的诗句，《左传·昭公七年》说“梦襄公祖”，“梦周公祖而行”。这些“祖”，都是指“祖道”。

“祖道”这一礼俗渊源甚久，因资料所限，一些具体的仪式过程今天我们已经不太清楚。湖北云梦睡虎地出土的秦简《日书》中可以看到“祠行”、“行祠”的标题，其内容可能与“祖道”相关。“祠行”就是《礼记·祭法》中提到的“祀行”。《日书》具体规定了祭祝祷祠的仪程：举行祭祀行神的仪礼，要选择吉日，避开忌日，又有所谓“祠行良日”，在这一天祭祀，可以保证行旅“大得”。出行方向不同，行祭祀礼的地点也不同。大约东行南行，“祠道左”，西行北行，“祠道右”。具体过程大致有设席、啜祭、祝告等仪式。

关于祖道祭祀的时间，有多种说法。《礼记·月令》说“冬祀行”，就是在冬天祭祀行神。东汉学者郑玄在《仪礼·聘礼》的注释中说：“天子诸侯

江苏铜山出土汉画像石车马出行图

有常祀在冬。今时民春秋祭祀有行神”,说古代天子诸侯在冬天祭祀,汉代的民众则在春秋两季祭祀。同为东汉人的崔寔在《四民月令》中两次提到祖道的时间,各不相同。一说“百卉萌动,蛰虫启户,乃以上丁,祀祖于门”,是说在正月的第一个丁日进行祭祀;一说“腊日,祀祖”。祭祀的时间则在冬天的腊日。另一位东汉学者应劭在《风俗通义》中说:“汉家火行盛于午,故以午日为祖也。”东汉尚火德,因此在与火德关联的午日祭祀。而晋人嵇含的《祖赋序》又有这样的说法:“有汉卜日丙午;魏氏择用丁未;至于大晋,则祖孟月之酉日。各因其行运。”可见祖道仪式并没有形成统一的时间,在不同时期不同地域各不相同。

祖道活动常常在“门”的附近举行。如汉武帝时,齐人东郭先生“祖道于都门外”;王莽时,遣送王匡、廉丹,“祖都门外”;汉桓帝时,冯绲出征,“祖于国门”;汉末,董卓至郿坞,“公卿已下祖道于横门外”等等。门是出行的起点和终点,标志着旅途的开始和结束,对于出行具有重要的意义。《礼记·祭法》罗列了七级祭祀系统,即“王为群姓立七祀”、“王自为立七祀”、“诸侯为国立五祀”、“诸侯自为立五祀”、“大夫立三祀”、“適士立二祀”、“庶士庶人立一祀”。自王到適士这六级祭祀系统均包含有对“国门”、“国行”的祭祀。这一方面可以看出“国门”、“国行”在古人祭祀中的重要地位,一方面又可以看出“门”与“行”的密切联系。在湖北云梦睡虎地秦简《日书》中，也可以看到“门”与“行”的联系。如“交日……以祭门、行、行水，吉”，“害日……以祭门，行，吉”，“亢，祠，为门，行，吉”等。这也许是《礼记·祭法》重视祭祀“国门”、“国行”的礼制在民间祭祀系统中的反映。

后世祭祀路神，也常常在“门”的附近进行。清同治十年《黄陂县志》记述当地民俗说：“（元旦）至鸡鸣时，用香烛、爆竹在大门外祀神，谓之‘出行’。”光绪四年《龙田县志》载：“元旦，绝早兴，盥沐焚香祀祖先，放爆竹，启门出，先择方相吉者，出，距门数十武向拜而返，曰‘出行’。”光绪八年的《华容县志》也有类似记载：“元旦早起，肃衣饰，具香烛，择吉方‘出行’，拜门神。”这些民间习俗兼具礼祀“门”、“行”，可见“门”与“行”确实紧密关联。

东汉著名学者蔡邕的《祖饯祝》，是祖道时用来念诵的祝文。其中写道：“令岁淑月，日吉时良。爽应孔嘉，君当迁行。神龟吉兆，林气煌煌。蓍卦利贞，天见三光。鸾鸣嗈嗈，四牡彭彭。君既升舆，道路开张。风伯雨师，洒道中央。阳遂求福，蚩尤辟兵。仓龙夹毂，白虎扶行。朱雀道引，玄武作侣。勾陈居中，厌伏四方。往临邦国，长乐无疆。”大意是说，远行择

陕西西安汉长安城霸城门遗址

定吉日良辰，卜问前程得到吉兆，天色晴美气候宜人，轻车宝马已经备好，细雨洒道清静无尘，苍龙白虎左右扶卫，朱雀玄武随伴前导，旅途必定吉星高照。通过祝文的内容，可以知道当时祖道礼仪的主要意义是祈祝行旅的平安和顺利。

如果祖道时发生事故，是大不祥的。《史记·五宗世家》记载，汉景帝征召临江王刘荣前往长安。刘荣临行，在江陵北门举行"祖道"仪式。仪式完毕后，就在他上车准备启程时，车轴却突然折断。送别的江陵父老于是涕泪交流，私下议论说，"吾王不反矣！"后来，刘荣果然因罪自杀，葬于陕西蓝田，再也没有回到江陵。因为这件事，江陵城的北门再也没有开启过。江陵父老的不祥预言，其实是受古人对于出行心怀畏忌的潜在观念的影响。

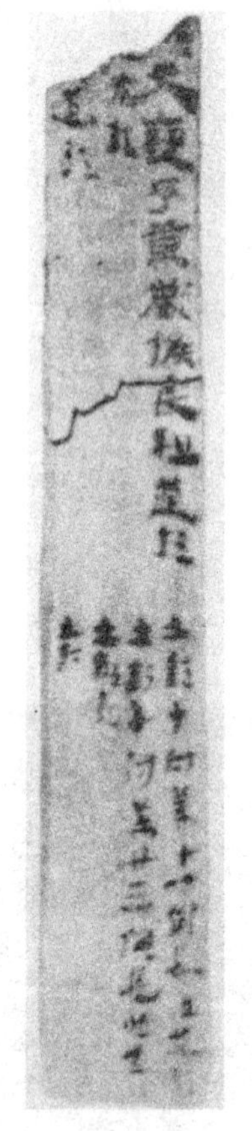
居延汉简"祖道钱"简

祖道风习在古代社会的各个阶层都有广泛的影响。嵇含的《祖赋序》说："祖之在于俗尚矣，自天子至庶人，莫不咸用。"居延地区出土的汉简中，也有下层官吏聚凑"祖道钱"的记录。可见，远在西北边地的居延，也曾风行祖道习俗。祖道已经成为普遍影响社会不同阶层生活风习的礼俗。

有的祖道仪式十分隆重。《汉书·疏广传》说，汉宣帝时，太傅疏广和兄子少傅疏受一起辞职，告老归乡。公卿大夫和好友同乡"供张东都门外"，为他们举行祖道仪式，参与者的乘车竟然多达数百辆。晋人张协的《咏史》诗追忆当时盛况，曾写道："昔在西京时，朝野多欢娱。蔼蔼东都门，群公祖二疏。朱轩曜金城，供帐临长衢。”华美的车辆聚集东都门，富丽的帷帐临于长街。举行祖道仪式的现场，洋溢着和洽的气氛。

祭祀路神的习俗至今并未消失，在一些地区依然盛行。甘肃多数地方都有路祭和水祭的习俗。路祭多在春首与初冬，水祭则在春汛与秋洪。仪式大体一致。全村老年人集中于山神庙或水神庙前，杀公鸡一对，埋头于庙前路基或河岸边，并以雷符镇之。然后向神灵祷告说：“路要平坦，水要稳缓，出门人在外，求保平安归。”民勤地方驼队临行前有“斩马路”的祭仪，主祭人口诵：“神祐祖保，豺狼躲道；风静日晴，贼人不出门。”四川盐源一带摩梭人马帮，行前把鸡煮熟，割下鸡头细看，以确定行程。藏族地区牛帮出发前要默念祈祷词，祈求神灵保佑，还要取下牛头上的红绸打成死结。如能够顺利解开，则旅行吉利，可立即起程。不能解开则是不吉，要择日再行。在山东青州农村，有大年初一祭祀路神的习俗。一般以村为单位，各家集资准备祭祀所需物品。祭祀所用贡品丰富繁杂，祭祀活动一般由中老年妇女参加，大家烧香祷告，烧纸放炮，主要是祈求神灵保佑家人出行平安。祭路活动

青州农村的祭路仪式

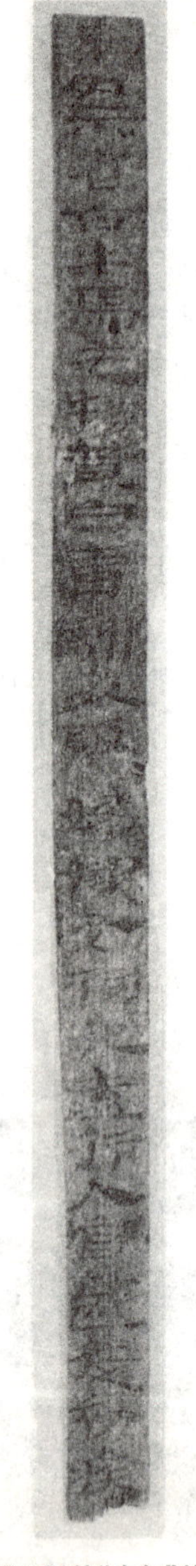
居延汉简“车祭”简

虽然为官方禁止，但收效甚微。可见这一古老遗俗在民间的强大生命力。

除了祭祀行神外，古人还要对出行工具进行祭祀。在行道祭祀活动中，有“犯軷”的仪式。对于这一古礼，汉代学者郑玄解释说，出行之前要堆积类似山形的封土，设立神主。祭祀之时，驭者要用酒祭车之两轵和车轼。祭祀之后，还要用车轮碾压封土而去，这样旅行就会没有险阻。驭者用酒祭车轵和车轼的行为，或许可以看做是对出行工具的祭祀。汉代人许慎《说文解字》在解释“軷”时，还特别提到在祭祀结束后要“轹于牲而行”。这一仪式，可在唐代学者司马贞《史记索隐》中叙述唐代的“軷”的仪式中得到解释：“以軷壤土为坛于道，则用黄羝或用狗，以其抵血衅左轮也。”看来，在碾压封土前，还需要用黄羝或狗的血来涂抹车的左轮。

居延地区出土的汉代简牍中有这样一枚残简：“车祭者，占牛马毛物，黄白青骝，以取妇、嫁女、祠祀、远行、入官、迁徙、初疾☐”虽然有所残缺，但大体文意尚可理清。该简是说进行车祭仪式，要占卜牛马的毛色，根据结果来判定“取妇”、“嫁女”等需要车辆参与的礼俗活动的吉凶。这可以看做是最早明确提及“车祭”的文字记录。近代甘肃地方的人远行，尽量选用纯红色的牛马，忌用白色马匹。如果白马额头有红黑色毛，也可以使用。但如果红马额头带白或肩胛背部带白，则是冲喜，不能使用。出门人如果受条件限制无法选择时，需要在白马、黑马头上系上红绸，或在马尾系上彩色布条，用以辟邪防煞。裕固人在驮队远行时，会挑选出好马好牛各一，在其头上绑扎红布一块，名为“神马”、“神牛”。出发时，要祭祀点格尔罕（天神），并让神马神牛走在最前面开道。神马神牛不被骑行，也不驮东西。如果队伍遇到风雪灾害，大家要向神马神牛祷告，并通过其姿态来预测吉凶。

现今社会依然存在祭车的民间习俗。拥有机动车辆的家庭，则会更加注重这一仪式，因为机动车辆虽然便捷，但其驾驶的危险性较大。让我们来看一下这一古老习俗的现代版本。一般新车需要进行比较隆重的祭车仪式，然后在每年的年初还要进行一些祭祀活动。祭祀仪式各地各不相同。大体来说，需要在新车车身悬挂红布条，以厌胜邪魅。有的祭祀还需要宰杀公鸡，用鸡血涂抹车轮。其用意与司马贞所记大体一致，都是用来辟邪。祭祀还需要焚烧纸钱，燃放鞭炮，念诵祝词。祭祀的对象自然是车神，还有所谓“车头老爷”、“灯火菩萨”、“方向盘老爷”、“车轮老爷”等与时俱进的神灵称谓。此外还要向路神祷告，祈求平安。这些祭祀活动与其说是求神灵保佑，不如说是让祭祀者自己心安。最可靠的“车神”、“路神”，当然还是驾驶者心中的安全意识。

现代祭车仪式

# 长亭古道惜别情

弘一法师李叔同作词的《送别》，是国人熟知的歌曲。歌中唱到："长亭外，古道边，芳草碧连天。晚风拂柳笛声残，夕阳山外山。天之涯，地之角，知交半零落。一杯浊酒尽余欢，今宵别梦寒。"依依惜别之情令人唏嘘。其中提到的若干送别礼俗，也值得探讨。

孟郊《古离别》诗说："杨柳织别愁，千条万条丝。"大概从上古时起，杨柳就被视作寄托离愁别绪的象征。《诗·小雅·采薇》说："昔我往矣，杨柳依依；今我来思，雨雪霏霏。"《古诗十九首》中所谓"青青河畔草，郁郁园中柳"，"荡子行不归，空床难独守"。南朝齐人虞羲《自君之出矣》诗："自君之出矣，杨柳正依依"，"流年无止极，君去何时归？"都以柳丝的悠长柔美，比喻离情的幽婉缠绵。折柳相赠，也成为富有象征意义的行旅送别形式。据说"柳"与"留"同音，因此古人离别时要折柳相送，以表达不愿离别的情思。李商隐《杨柳枝》诗"为报行人休尽折，半留相送半留归"，表达的就是这种欲说还休的离愁。柳树又具有袪灾避祸的功效。北魏贾思勰《齐民要术》载："正月旦取柳枝著户上，百鬼不入家。"远行携带柳枝，也可能是因为柳树能够消灾辟恶，可以看做是送行者对行者旅途

明周臣绘《柴门送客图》

平安的一种美好祝愿。

灞桥是关中交通的要冲，是自长安东出的必经之路。宋人程大昌《雍录》卷七载：“此地最为长安冲要，凡自西东两方而入出峣、潼两关者，路必由之。”灞桥因灞水而得名。春秋时期秦穆公称霸西戎，将滋水改名为灞水，灞水之桥也就称作灞桥了。因灞桥设有驿馆，于是此地又常常成为送别之地。灞桥送别因折柳而闻名。记述秦汉时期关中地理的《三辅黄图》卷六载：“灞桥，在长安东，跨水作桥。汉人送客至此桥，折柳赠别。”这可以看做明确提及灞桥折柳赠别的较早的文字记录。南朝梁人江淹《别赋》中“黯然销魂者，唯别而已矣”的名句，让灞桥又有了“销魂桥”的称呼。五代后周人王仁裕《开元天宝遗事》卷下又载：“长安东灞陵有桥，来迎去送，皆至此桥为离别之地，故人呼之‘销魂桥’也。”灞桥因为作为送别的处所而充满了离别的愁绪。

折柳送别的故事，不仅在灞桥一地盛行。据《唐诗纪事》卷五六载，唐人雍陶曾送别故旧于“情尽桥”，问其缘故，随从答说：“送迎之地止此，故桥名‘情尽’。”雍陶听后即提笔题诗道：“从来只有情难尽，何事名为情尽桥。自此改名为折柳，任他离恨一条

20世纪50年代的灞桥

条。”“折柳桥”的说法，明显受到“灞桥折柳”典故的影响。唐人王维那首著名的《送元二使安西》，也曾提及“渭城朝雨浥轻尘，客舍青青柳色新”。《雍录》说：“王维诗随地纪别，而谓‘渭城’‘阳关’，其实用‘灞桥折柳’故事也。”虽然送别之地不一定在灞桥，但仍不妨折柳相赠。《宋书·五行志二》说，晋武帝太康末年，洛阳附近地区开始风行“折杨柳”之歌。郭茂倩《乐府诗集》卷二二所载“鼓角横吹曲”《折杨柳枝》道：“快马不须鞭，反插杨柳枝。下马吹横笛，愁杀路傍儿。”白居易《青门柳》：“为近都门多送别，长条折尽减春风。”“折柳”，已经成为送别的文化符号。

“多情自古伤离别”，送别诗歌是千百年来长盛不衰的文学主题，人们在离别时往往会真情流露，自然也容易激发创作灵感，留下脍炙人口的作品。如同今天送别时要说“一路顺风”一样，送别赠诗，是古代文人高士的一种文化习俗。古人诗中不乏用灞桥折柳典故以抒发离别愁绪的作品。唐人李益《途中寄李二》道：“杨柳含咽灞岸春，年年攀折为行人。”韩琮《杨柳枝词》道：“灞陵桥上多离别，少有长条拂地垂。”李白《忆秦娥》中的“年年柳色，灞陵伤别”也成为千古流传的名句。又有以柳丝寄托思乡念友之情的诗句。李白的《春夜洛城闻笛》有“此夜曲中闻折柳，何人不起故园情”。隋无名氏《送别歌》则发出“柳条折尽花飞尽，借问行人归不归”的怨问。李贺的《致酒行》：“主父西游困不归，家人折断门前柳”，也表达了家人盼归的别离心声。这些送别诗歌，也往往成为临别赠言，伴随行者在旅途中思索回味。

赠送旅费，也是常见的送别礼俗。《史记·萧相国世家》载，汉高祖刘邦当亭长时曾经前往咸阳服役。送别的人出资相送，“吏皆送奉钱三，何独以五”。萧何的钱比别人多一些。“滴水之恩，涌泉相报。”刘邦做了皇帝后，不忘萧何恩情，格外加封萧何二千户，其原因就是当年萧何送别时所送“盘缠”多于别人。

“盘缠”一词，在宋元时代的民间俗语中已十分常见。《西厢记》中有：“红娘取银十两来，就与他盘缠。”《五代史平话·梁史》卷上说：“望家乡又在数千里之外，身下没些个盘缠。”与“盘缠”的说法类似，民间又有“盘川”、“盘程”、“盘费”等不同的说法。其中，“盘川”和“盘程”应该都是“盘缠”的音转。《老残游记》第一回“土不制水历年成患，风能鼓浪到处可危”说老残铁英的父亲为官二十年，“回家仍是卖了袍褂做的盘川。”

又有借路费之名，赠送财物给行旅之人，称作“下程”。清人王士祯《池北偶谈》卷五说明代名臣葛守礼外出，“必自赍盘费，县驿私馈下程，俱不敢受”。“行资”，也是路费的代称。《警世通言》卷三二《杜十娘怒沉百宝箱》中，杜十娘对李甲说：“妾昨日于姊妹中借得白银二十

清《名家画谱》所见《送孟浩然之广陵》

两,郎君可收下为行资也。”而李甲“正愁路费无出,但不敢开口,得银甚喜”。此外,“旅资”、“旅费”等说法,也是对路费的代称,其中有些词语,我们至今仍在使用。

除了赠言赠物,离别之际还要宴饮送行。根据《仪礼·聘礼》的记载,所谓“饯”,原本是指在向行神祷祝之后,行者和送行者“饮酒于其侧”的礼仪形式。《诗经·大雅·韩奕》描写了显父饯送韩侯的场景:“韩侯出祖,出宿于屠。显父饯之,清酒百壶。其殽维何?炰鳖鲜鱼。其蔌维何?维笋及蒲。其赠维何?乘马路车。”显父以清酒百壶和丰美的菜肴饯别韩侯,还向他赠送了出行的车马。《诗经·大雅·崧高》说:“申伯信迈,王饯于郿。”《诗经·邶风·泉水》有“出宿于泲,饮饯于祢。”“出宿于干,饮饯于言。”看来,宴饮饯别的风习,早在先秦时期就已经盛行。

在送别亲友的场合,常常包含着行者和送行者之间的感情交流。司马迁在《史记·刺客列传》中曾重笔描写燕太子丹为

江苏淮安明王镇墓出土《江城送别图》

荆轲在易水之上举行的祖道仪式。太子和从者身着白色衣冠送别荆轲。在祖道仪式结束后，高渐离击筑，荆轲唱和道："风萧萧兮易水寒，壮士一去兮不复还！"随着音乐的节奏，送行友士由悲泣哀鸣转为怒发冲冠。荆轲随后登车而去，再也没有回头。荆轲和高渐离的唱和，就发生在祖道结束之后。到了汉晋之际，祖道仪式更加偏重于送别聚会，更注重抒发离情别绪。晋人张华的《祖道赵王应诏诗》诗说："发轫上京，出自天邑。百寮饯行，缙绅具集。轩冕峨峨，冠盖习习。恋德唯怀，永叹弗及。"文武官员聚临祖道，冠带交错，原本肃穆庄重的祖道仪式却并未提及。祖道仪式的重心，已经由祭祀行神以祈求旅途平安转为士人宴饮集会以抒发临别感怀了。敬奉行客的酒愈来愈醇厚，而敷衍行神的酒却愈来愈淡薄。后代的送别宴饮，虽然仍称作"祖饯"、"祖席"、"祖筵"、"祖饮"，然而其内容已经与祭祀行神基本无关了。

柳永的名作《雨霖铃》中写道，"执手相看泪眼，竟无语凝噎。"离别之际的悲切心境，刻画得十分细致真切。尚秉和先生在《历代社会风俗事物考》一书中曾提及，六朝人饯别时专门有"啼泣"送行的礼节。《世说新语·方正》说，周谟出任晋陵太守，周侯等前往送行。周谟临别"涕泗不止"，周侯"与饮酒言话"，也"临别流涕"。有人因送

山东嘉祥武梁祠画像石"荆轲刺秦王"

别未能“啼泣”，而遭到责难。《太平御览》卷四八九引《语林》载：“有人诣谢公别。谢公流涕，此人了不悲。既去，左右曰：‘向客殊自密云。’谢公曰：‘非徒密云，乃自旱雷尔。’”送行者因送别时“光打雷不下雨”，竟然遭到了行者轻蔑的讥讽。《颜氏家训·风操》中也有类似的故事。梁武帝的弟弟出仕东郡，二人分别。梁武帝“甚以恻怆，数行泪下”，然而其弟只是“密云赧然而出”。他因此受到责难，以至于行舟漂系江渚，一百多日还不能离行赴任。作者颜之推曾为这位梁武帝的弟弟鸣不平。他说：“人性自有少涕泪者，肠虽欲绝，目犹烂然。如此之人，不可强责。”尚秉和先生也曾指出，送别之情，江淹《别赋》所说的“黯然销魂”，表达已经最为亲切。徒具形式的流泪表演，其情未必真切。

清《新编乐府清音歌林拾翠二集》插图《南西厢·送别》

# 交通规制明贵贱

在陕西略阳嘉陵江西岸的灵崖寺中，保存着我国最早的交通法规石刻——南宋淳熙八年(1181 年)所刻《仪制令》。其内容是“贱避贵，少避长，轻避重，去避来”。《仪制令》在唐代贞观年间就已经制定，内容与宋代法令一致。宋代官方曾下令在重要交通道路、关隘竖立木牌，上书《仪制令》，以维护交通秩序。略阳古称兴州，地处秦岭南麓腹地的嘉陵江上游，是关中通往巴蜀的重要通道。在这里竖立《仪制令》，可见当时此地的水陆交通十分繁忙。在四项交通法则中，“贱避贵”的规定尤其值得注意。

“贱避贵”，是中国古代交通管理的原则之一，是中国传统等级社会的产物。在著名的“将相和”的故事中，就有体现“贱避贵”的情节。蔺相如屡次不辱使命得到赵王赏识，拜为上卿，引起老将廉颇的不满。为了不与廉颇争锋，蔺相如常常称病不朝，避免因位次发生冲突。蔺相如的车驾遇到廉颇的车驾，也会命驭者主动避让。蔺相如属下因此不满，认为蔺相如恐惧廉颇，为此感到羞耻。按照当时的规定，位在蔺相如之下的廉颇遇到蔺相如的车队理应避让，而蔺相如也完全可以不顾廉颇脸面，优先通过。

陕西略阳灵崖寺仪制令石碑拓片

《三国志·吴书·虞翻传》中,也有一个关于"贱避贵"的故事。虞翻一次乘船出行,遇到叛降吴国的糜芳的船队。糜芳船上卫士喝令虞翻避让:"避将军船!"虞翻不但没有避让,反而厉声斥责:"失忠与信,何以事君?倾人二城,而称将军,可乎?"糜芳丧失忠信,背叛旧主,又出卖了本国的两座城池,自觉羞愧难当,只得悄悄关上窗户不敢作声,急忙驶船回避。很显然,按照当时的制度,应该是地位较低的虞翻主动避让地位较高的糜芳。

"贱避贵"的规则,也是体现官员等级的有效手段。严格遵守等级规范,方能尊卑有序,符合礼制。官员之间为了追求虚荣的"排场",有时甚至会引发纠纷。唐文宗时,中丞温造路遇官职较低的左补阙李虞,因李虞未予回避而恚怒,鞭笞了他的随从。后来有人上书指责温造自大,认为按照祖宗制度,中丞出行戒严不过半坊,现在竟然远至两坊的人员都要避让。唐文宗为此重申了"贱避贵"的法规,又规定官员此后传呼喝道不得超过三百步。

京剧《负荆请罪》

"贱避贵"的交通法规,必然给地位较低的普通百姓的出行造成影响。两汉时代,京兆尹、河南尹以及执金吾、司隶校尉等官员出行时,都要有专人在前导引传呼，赶走普通民众。据《汉书·萧望之传》记载，光禄大夫给事中王仲翁出入之时，“下车趋门，传呼甚宠”。官员的威风八面，带来的是普通人的种种不便。唐代诗人李商隐，就认为“花间喝道”是“杀风景事”。韩愈的诗中曾说，“为逢桃树相料理，不觉中丞喝道来。”本来饮酒赏花的乐事，被喝道而来的中丞完全败坏了兴致。唐代时，每逢元日和冬至，朝廷大官出行都要列烛护送，以至行人被迫避让。原本祥和暖融的节日气氛，也因此大打折扣。

甘肃清水仪制令石碑

古代道路礼仪还有“男女异路”的设想。《礼记·王制》说：“道路男子由右，妇人由左，车从中央。”《礼记·内则》也说：“道路男子由右，妇人由左。”这样理想的道路分行制度，曾被看做优秀官员的政绩之一。《吕氏春秋·乐成》说，孔子在鲁国任职期间，社会安定，民风淳正，“男子行乎途右，女子行乎途左”。如此理想的交通规制其实是难以真正实行的。汉代京兆尹张敞就公开提出，“男女异路”的设想不过是有名无实的伪貌，如果这样的规定真正执行，只会伪乱天下。不过，在王莽时代，确实有一位名叫唐尊的官员曾痴迷于“男女异路”的规定。据说他乘车出行时，看到男女不异路而行的，就会立即下车，亲自在他们身上涂抹红色标记，以示惩罚。他的这一不切实际的

清《息影轩画谱》海瑞像

虚伪表演，竟然得到了王莽的表彰，还因此被封为“平化侯”。

对于违反交通规制的行为，也有对应的惩处措施。在汉代，对于在交通道路中群斗者和豪强家奴争道者，地方行政官员都有责任追捕逐索，依法惩治。唐代法律规定，凡是在城内街巷人群中高速驰行车马的，擅自侵占街巷道路的，都要受到鞭笞的惩罚，甚至从宅墙内向街巷排出污物，也要受到杖责的刑罚。

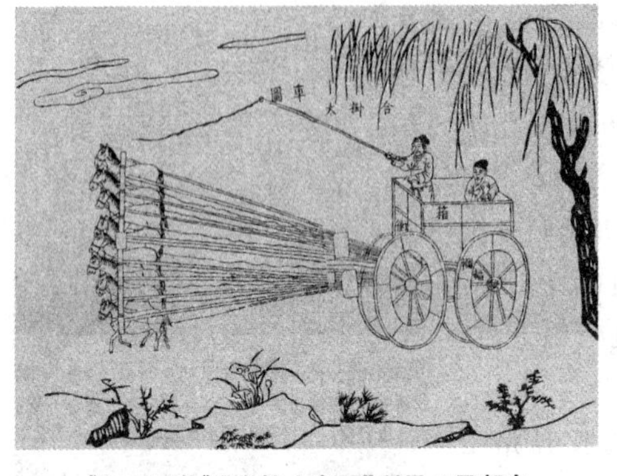


《天工开物》“合挂太车图”所见八马驾车

河南洛阳西汉墓壁画车马出行图

# 皇族出行炫尊崇

秦汉时代，曾经施行过驰道制度。秦王朝交通建设最具有时代特色的成就，就是驰道的修筑。驰道类似于今天的高速公路。秦始皇统一天下后的第二年，就开始致力于建立以驰道为骨干道路的全国规模的交通网络，将战国时期各国原有的道路统一规划管理，纳入全国交通系统之中。秦代驰道的规划、施工和养护，都达到了非常高的水平。据说秦代的驰道路面宽度达到五十步，大约相当于69米。这样宽广的道路，已经被现今的考古发掘工作所证实。驰道每隔三丈都要种植树木，路基用金属工具夯击，务求坚实。驰道的规模，东方通达燕地和齐地，南面抵至吴地和楚地，全国江湖海滨的宫观，都可以一一连通。秦代的驰道在汉代得以继续沿用。

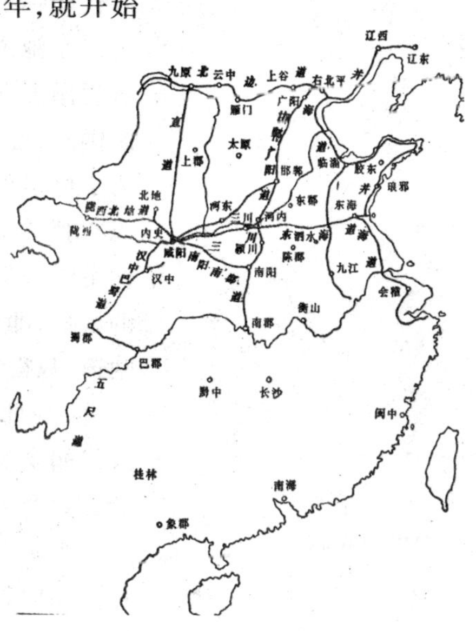

秦代主要交通道路

然而通行条件如此优越的道路，在当时却严格禁止一般民众使用。《盐铁论·刑德》说："今驰道经营陵陆，纡周天下，是以

陕西富县秦直道遗迹

万里为民阱也。"建设交通道路的目的本来为了提供便利,但是由于驰道严格的制度规定,对普通民众而言,便利的驰道反而成了陷人于罪刑的暗阱。据说,驰道的路面划分为三条车道,中央三丈为天子专用车道,经过皇帝特许的贵族官僚也只可以在两侧的旁道通行。在甘肃武威地区出土的汉代简牍中,曾明确规定拥有王杖的老人可以在驰道通行。车驾能够在驰道行驶,被看做天子对老人的特殊优遇。即使是皇亲国戚,也要严格遵守驰道制度。汉武帝为了尊崇他的乳母,特意下诏允许乳母可以在驰道中央通行。汉成帝做太子时,汉元帝曾经紧急召见他。由于没有得到皇帝的授权,即使贵为太子,他也不敢擅自穿越驰道,只得绕道而行。汉元帝得知后,大为欢喜,为此修改法令允许太子穿行驰道。汉代如果没有得到特许擅自穿行驰道,则会受到严厉惩罚。汉武帝的姐姐馆陶长公主的车队在驰道中央行驶时,曾被绣衣使者江充拦截查问。馆陶公主拿出太后诏书护身,江充仍旧不依不饶,只允许公主车驾在驰道中央通行,其他随行人员则被禁止行进,车马也被收没入官。江充还曾不徇私情,严格查核太子家人的车马,连太子求情都被拒绝。

山东嘉祥武梁祠画像石:象征帝王车舆的北斗七星

严格的驰道制度对于交通事业的发展并无益处。在汉哀帝时,终于下诏允许三辅地区的车马得以在驰道通行。然而在东汉魏晋时期，驰道制度又有所恢复。洛阳城中的大道仍然划分为三道，中央御道两边修筑四尺多高的土墙，专门供皇帝及公卿高官通行，其他人只能在两侧行进。据说曹植就是因为在驰道中央乘车通行而激怒曹操，由此失宠。

后代虽然没有像秦汉时代一样严格的驰道制度，但皇帝使用的御道仍然气势辉煌。法国人阿兰·佩雷菲特在《停滞的帝国——两个世界的撞击》一书中曾提及清代的御道。据说北京到热河的大路中央为御道，10尺宽，1尺高，由砂土和黏土混合而成，经过浇水夯实后，具有磨光大理石的硬度。英国的来华使节曾称赞这条道路像客厅地板那样干净。御道中央只供皇帝通行，一般行人只能走御道两侧的道路。道路两侧树木成荫，每隔二百步就有一个水池用来喷水，以免尘土飞扬。但通行条件如此优良的道路，实际使用的效率却极其有限。御道日夜都有卫兵守卫，禁止行人进入。皇帝驾到前夕，任何人都不允许在此落脚。但皇帝一离开，马上就无人管理，路面也很快损坏。皇帝每年只在这条道路上通行两次，所以道路每年也需要维修两次。据估计，修整道路的人员大约有两万多人。皇宫中的御道路面则由统一大小的规整石块铺就。这样的道路遗迹，在故宫中仍然可以见到。北

河南洛阳东周王城遗址车马坑

京市区的中轴线，即是以明清的御道为中心南北延伸而成。

帝王出行时的警跸制度，也十分讲究庄严和尊贵。《三国志·魏书·武帝纪》说："天子命王设天子旌旗，出入称警跸。"所谓"警跸"，就是天子出行时，禁绝行人，肃清街道，以保障帝王安全的保卫措施。据说，汉代在帝王出行时，要动用卫士填街警跸，防止行人冲撞。一次汉文帝行经中渭桥，桥下忽然冲出一人，使皇帝车马受惊，险些酿成大祸。文帝逮捕此人审问，原来他经过这里时听到警跸之声，于是藏身桥下。许久之后，他以为警跸已过，于是从桥下出来，不巧刚好遇到帝王行舆。文帝为此大怒，本想处死此人，幸亏廷尉张释之据理力争，才按照法律规定罚金了事。在唐代，如果有人冲撞了皇帝的车队，则会遭到劳役和鞭笞的惩罚。唐人宋之问《龙门应制诗》："千乘万骑銮舆出，水静山空严警跸。"明人吴宽《午朝》诗："卫士成行总面东，朱门传跸静如空。"都反映了为了天子一人的交通便利，而以强制性方式造成大路"空"、"静"的情形。据法国传教士记载，清代皇帝出行时，经过的街道都要洒扫干净，沿途店铺也要全部关闭。大道两旁站满士兵，驱散闲人。若是后妃公主出

北京故宫中轴线

行，稽查会更加严格。街道两旁还要树立帷帐隔绝行人视线。

《红楼梦》中对元妃省亲的描写，可以看做是清代贵族出行的真实写照。元妃定于正月十五日省亲，早在正月初八日，就有巡察地方总理关防太监前往贾府在各处关防挡围幙，又有工部官员和五城兵备道打扫街道，撵逐闲人。到了省亲这天，“一时传人一担一担的挑进蜡烛来，各处点灯。方点完时，忽听外边马跑之声。一时，有十来个太监都喘吁吁跑来拍手儿。这些太监会意，都知道是‘来了，来了’，各按方向站住。贾赦领合族子侄在西街门外，贾母领合族女眷在大门外迎接。半日静悄悄的。忽见一对红衣太监骑马缓缓的走来，至西街门下了马，将马赶出围幙之外，便垂手面西站住。半日又是一对，亦是如此。少时便来了十来对，方闻得隐隐细乐之声。一对对龙旌凤翣，雉羽夔头，又有销金提炉焚着御香；然后一把曲柄七凤黄金伞过来，便是冠袍带履。又有值事太监捧着香珠、绣帕、漱盂、拂尘等类。一队队过完，后面方是八个太监抬着一顶金顶金黄绣凤版舆，缓缓行来。”元妃出行的尊贵和奢华气派跃然纸上。

四川成都跳蹬河汉墓画像砖车马过桥图

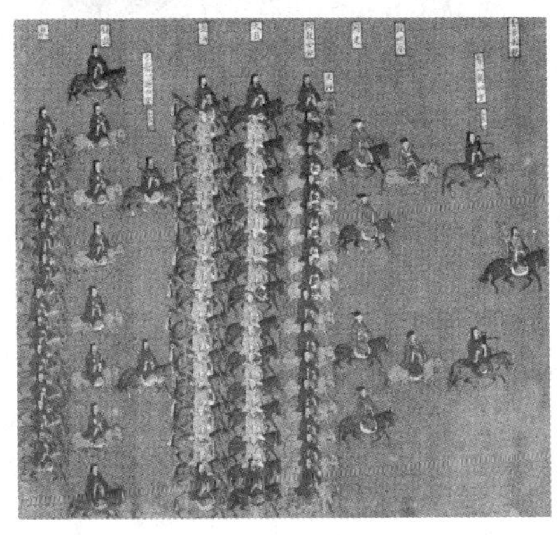

北宋《大驾卤簿图》(局部)

# 餐风饮露饮食苦

祖道饯行时举行的宴饮，可以看做旅行者旅途中的第一顿饭，接风洗尘时享用的美餐，则可以看做是漫漫旅途行将结束时的最后一餐。俗话说“人是铁，饭是钢，一顿不吃饿得慌。”行者车马劳顿，风尘仆仆，旅途中的饮食又如何解决呢？

官方经营的传舍驿亭，是可以提供饮食服务的。《周礼·地官·遗人》记载：“凡国野之道，十里有庐，庐有饮食；三十里有宿，宿有路室，路室有委；五十里有市，市有候馆，候馆有积。”所谓“饮食”、“委”和“积”，都是为旅行者和所用牲畜提供的饮食储备。《史记·范雎蔡泽列传》说，范雎到咸阳见秦王，最初没有得到秦王的认同，“使舍食草具，待命岁余。”范雎在传舍中只能食用最简单的饭食，这样的日子持续了一年多。“使舍食草具”，说明“舍”可以提供饮食。《汉书·龚胜传》说韩福归家，汉昭帝曾下令沿途所经传舍准备酒食，供韩福及其从者享用。《汉书·循吏传·黄霸》说，颍川太守黄霸曾派遣可靠吏员微服司察。“吏出，不敢舍邮亭，食于道旁”。这正说明，按照常规“邮亭”应

《清俗纪闻》“驿站”

该为公差人员提供饮食。如果官员的妻子随行,也会受到接待。例如,甘肃敦煌悬泉汉简保留有这样的接待记录:“出米一斗二升,十月乙亥,以食金城枝阳长张君、夫人、奴婢三人,人一食,东。”在十月乙亥这天,悬泉置支出一斗二升米接待了金城郡枝阳县的令长及其夫人奴婢三人。三人吃完后,向东而去。

湖北云梦睡虎地出土的秦代简牍中有《传食律》,用法律条文的形式规定传舍必须为旅行者提供食物,并且所供应的食物按照等级的高低也各不相同。《史记·孟尝君列传》载,孟尝君门客冯驩最初住在传舍中,因饮食苦恶,冯驩弹剑而唱:“长铗归来乎,食无鱼。”后来,孟尝君将他移居幸舍,提高了他的饮食标准。可见,在先秦时期,不同级别的传舍就已经按照不同等级提供饮食了。秦简《传食律》中规定传舍所提供的食物包括粺米、粝米、酱、菜羹、韭、葱和盐等。悬泉置汉简中提及的食物有粟、鸡、羊肉、牛肉、鱼、豉、酒等。相比秦代而言,食物的种类更加齐备,营养更加丰富。在湖北江陵出土的张家山汉简中还可以看到“吏有县官事而无仆者,邮为炊;有仆者,假器。皆给水浆”。如果是因公差出行而没有仆从的吏员,则由驻守邮亭的邮卒为其做饭。如果吏员带有仆从,则只需借给他器皿。但无论何种情况,都要为住宿人员提供水浆。

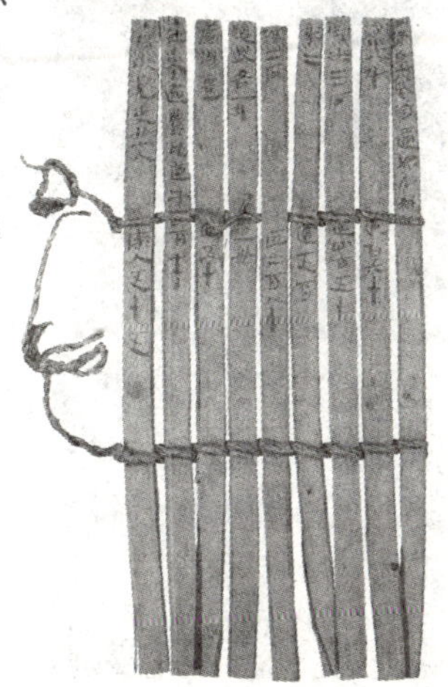
居延汉简《劳边使者过界中费》简册

除了官方的传舍可以提供饮食外,

民间也有可以为旅行者补充体能的场所。东汉末年,张鲁在汉中地区创设的“五斗米道”,设置有类似于国家“亭传”那样的“义舍”,又置办有“义米肉”,悬挂在“义舍”中供旅行者食用。旅行者可以量腹取足,但如果贪得无厌,就会遭到巫蛊而患病。直到近世,这种无偿为行旅者提供食宿条件的习俗,在我国西南地区的一些少数民族中仍然流行。现代作家彭荆风的《驿路梨花》就曾对这种风习进行过生动的描述。

旅行者自己生火做饭也是行旅生活中的一种常态。《晋阳秋》说晋人胡威曾自己骑驴远行京都拜见父亲,“每至客舍,自放驴,取樵炊爨”。胡威所住“客舍”,需要自己放驴喂食,自己取柴炊食。《水浒传》第六十一回“吴用智赚玉麒麟,张顺夜闹金沙渡”说吴用、李逵二人“赶到北京城外店肆里歇下。当晚李逵去厨下做饭”。《西游记》第二十四回“万寿山大仙留故友,五庄观行者窃人参”说,唐僧师徒路过万寿山五庄观,唐僧“教八戒解包袱,取些米粮,借他锅灶,做顿饭吃,待临行送他几文柴钱”。唐僧师徒不仅自己做饭,还要米粮自备,所借用的仅是锅灶,连柴钱也需要支付。

玄奘西行求法像

旅客在客店进食,又称作“打火”、“打尖”。《水浒传》第五十六回“吴用使时迁偷甲,汤隆赚徐宁上山”说,时迁偷甲得手,连夜潜回,“行到四十里外,方才去食店里打火做些饭吃”。《老残游记》第七回“借箸代筹一县策,纳楹闲访百城书”:“老残说:‘你应该打尖了。就到我住的店里去坐坐谈谈罢。'那人道:'这是什么时候,我已打过尖了,今天还要赶路程呢。'"关于"打尖",清人福格《听雨丛谈》卷一一说:"今人行役,于日中投店而饭,谓之'打尖'。皆不晓其字义。或曰中途为住宿之间,乃误'间'而为'尖'也。谨按《翠华巡幸》,谓中顿为'中火'。又见宋元人小说,谓途中之餐曰'打火'。自是因"火"字而误为"尖"也。"福格认为"打尖"是"打火"的笔误。从他的记述中又可知,"打尖"特指中午在旅店进食。"打尖"之后,行者还要继续自己下半日的行程。

一般情况下,行者常常携带干燥轻便、不易腐坏的食品以备旅途食用。《诗·大雅·公刘》说:"乃裹糇粮,于橐于囊。""糇粮",就是"干粮"。宋人楼钥《跋从子所藏书画》写道:"问所携,前则草履,后则干粮。"《警世通言》卷二一"赵太祖千里送京娘"说赵匡胤与京娘准备启程,"五更鸡唱,景清起身安排早饭,又备些干粮牛脯,为路中之用"。"干糒"、"糗粻"也是"干粮"的别称。据说东汉人元贺迁任九江太守,巡行属县,一路拒绝招待,只以"干糒"就温开水作为饮食。唐代韩愈的《送穷文》记载当时民间举行"送穷鬼"的仪礼中,要为"穷鬼"远行准备"车""船"和"糗粻"。军队远征,自然需要携带大量食物。所谓"兵马未动,粮草先行"。据说,汉代名将霍去病出征时,汉武帝下令专门为他载运数十车饮食,以至于班师回朝时还会剩余大量好米好肉,只得丢弃。而霍去病的士卒，则往往面有饥色。

除了食物，行旅中的补充水分也十分重要。《汉书·李陵传》说，李陵率部苦战突围，命令部下每人随身携带二升干粮，一片冰。大漠苦寒，士卒只能饮冰解渴。著名的“望梅止渴”的故事，也是行军中被迫采取的非常手段。据《史记·李将军列传》记载，大将军卫青曾下令给抗击匈奴的李广送去“糒醪”。“醪”，是一种浊酒。可见，在行军中有时也能得到酒的供应。一般旅行者自然更容易得到酒的滋补。《水浒传》中几乎无酒不成行。壮士好汉们个个都是喝酒的好手。林冲雪夜上梁山时，曾在朱贵酒店中豪饮。武松打虎，也是在痛饮十八碗后完成的壮举。当然，也有因酒误事者，杨志和随从押运生辰纲，就是因为饮了含有蒙汗药的酒而遭遇晁盖等人的抢劫。

江苏徐州狮子山汉墓出土兵马俑阵

文人旅行，也离不开酒的陪伴。陆游《自山中夜行还湖上》诗说：“道边野店得小憩，一杯浊酒倾残瓶。”又有“村醅酸薄陈山果”之句，是说山村野酿的粗鄙。《溪行》说“愁卧醒还醉，滩行却复前”。旅行访古，又有“细雨佩壶寻废寺”的闲暇。顾炎武《土门旅宿》说“市酒薄驱冬宿冷”，冬夜寒冷，诗人只得买酒驱寒。李白的《行路难》提到“金樽清酒斗十千”，《少年行》则说在旅游踏尽落花之后，“笑入胡姬酒肆中。”苏轼的《醉落魄·离京口作》也说：“轻云微月，二更酒醒船初发。”

河南地区在清末民国初时，路边多有“烧善茶”者，他们主动为路人免费提供茶水。豫西山地、丘陵的通行要道上，在一些前不着村后不着店的地段，常设有供人歇息和饮水的茶庵。茶庵仅有一间房，可供行者住宿休息，外边砌有炉灶。茶庵周围植有树木，以供夏日休息解暑。茶庵均为义务施舍，或为数村集资修建，或为某户布施。豫东平原对随行牲口也提供饮水。小牲口免费，大牲口也只收取少量报酬。

有时因行旅困顿，无所倚靠的旅行者只能乞食而行。《西游记》中，唐僧师徒四人基本是依靠他人的施舍完成了去往西天的万里征程。云游四方的僧人，也靠“百家饭”过活，而称之为“化缘”。春秋时期，晋文公重耳流亡他乡时，也曾在旅途中“乞食于野人”。《列子·汤问》说，韩国歌手韩娥前往东方的齐国，因为饥渴难耐，只得在齐国都门“鬻歌假食”，靠卖唱换取饮食。而历代因饥荒而乞食他乡的流民，从某种意义上也可看做一种形式特殊的旅行。饥荒严重时，甚至会饿殍遍野，以致人相啖食。在孤立无援的远征军旅中，如岳飞《满江红》中所说“壮志饥餐胡虏肉，笑谈渴饮匈奴血”的情形，也不是没有可能的。

明《琵琶记》“解鞍沽酒共论文”

# 客舍为家故乡远

如今出行住宿，有各式各样的旅馆可供旅客选择。古人出行又是如何安歇的呢？在以古代社会为背景的影视作品中，供旅客休息的场所一般都习惯叫做“悦来客栈”，而名为“龙门客栈”的，则往往沾染一些血雨腥风。古代的旅舍真的如“悦来”、“龙门”一般吗？

古代设置在交通沿线的“亭”，具有为行旅宿息提供服务的功能。东汉人王奂升任汉阳太守，旅途中见到友人范冉。王奂认为行路仓促，不是畅叙离别之情的地方，曾邀请范冉到亭中宿息，以叙友情。汉代名将李广出猎夜归，经过霸陵亭，喝的酩酊大醉的霸陵尉对李广出言不逊，禁止他通过，安排他住在霸陵亭中。在古代文献中，经常可以看到官员在巡行过程中留宿亭舍的记载。例如《后汉书·刘宽传》说，刘宽“每行县止息亭传”。在江苏连云港出土的尹湾汉简中也可以看到，生前担任东海郡属吏的墓主人师饶曾多次在亭舍中住宿。

明《三才图会》“邸驿”

除了“亭”之外，由官府管理的“传舍”、“置”等，也可以提供住宿，但住宿者需要按照规定出示传信方可入住。据说，即使是汉代诸侯和他的使者也需要持有传信，才可以居住在传舍之中。居延汉简中曾留下这样的记录:一位名叫王丰的亭长,按照诏书命令前往酒泉、敦煌等地购买马匹。他所在的居延令长为其开具证明,以备在沿途传舍住宿时出示。据《史记·商君列传》记载,商鞅变法失败后,曾逃到一处客舍之中。客舍主人并不知他是商鞅,还按照商鞅自己制定的法令向他解释说,留宿没有凭证的旅客会被连坐。商鞅只得感叹说:“嗟乎,为法之敝一至此哉!”这位变法的发起者“作法自毙”,最终被“车裂”处死。

设置在京师地区的郡国府邸,类似于今天的驻京办事处,也可以为各地赴京官吏提供住所。据说,东汉时郡县的府邸就设置在洛阳城东部的步广里中。汉代名臣朱买臣被免职时,就曾寄居在家乡会稽郡的驻京府邸中。他拜为会稽太守后,还曾在会稽邸与前来上报文书的官吏会饮。

民间经营的“逆旅”,则可以为一般平民提供休息的场所。唐人刘长卿的诗中有“逆旅乡梦频,春风客心醉”之句,所写就是旅途中客宿旅舍的心境。春秋战国时,

甘肃敦煌悬泉置出土汉代简牍

王公贵族用来养士的客馆,就有私人旅舍的性质。《史记·孟尝君列传》载,孟尝君的舍人冯驩就先后住在传舍、幸舍和代舍三种不同级别的客舍

明弘治十四年(1501 年)驿符

之中。据《后汉书·儒林列传上·周防》记载,周防的父亲周扬自幼出身孤微,曾经修治逆旅,供过客止宿,然而并不收取报酬。这种做法,当然是一种例外。一般情况下,民间的"逆旅"都会收取一定的费用。晋人潘岳说设置客舍逆旅可以使"行者赖以顿止,居者薄取其直,交易贸迁,各得其所"。汉代名儒张楷门生众多,以至豪门贵戚都争相在张楷居所附近设立旅舍,以牟取利益。

《史记·扁鹊仓公列传》说,扁鹊"少时为人舍长",有位名叫长桑君旅客经常寄宿,扁鹊总是谦恭相待,长桑君于是将自己的禁方奇药传给扁鹊,扁鹊从此成为神医。扁鹊"为人舍长"的经历,也许就是为他人管理私人旅舍。据说汉武帝曾经微服出巡,借宿于逆旅之中。逆旅主人因见汉武帝随行人员都携带兵剑,因此暗暗安排十余个携带弓矢刀剑的少年以备非常。后来多亏老板娘机智,方才化解危机。在缺乏安全保障的私人旅舍,无论是旅行者还是旅店经营者,都会十分注重自身的安全。

旅舍又可称为"店"。例如岑参诗中曾写道:"山店云迎客,江村犬吠船。"杨万里的诗中也有"忽思春雨宿茅店"之句。至今"旅店"一词,仍在使用。陕西旧时又有所谓"文人旅店"。旅店多名为状元店、高升店、夺魁店等,主要目的是接待游历四方的文人墨客和赶考举子。门前常有"读万卷书,行万里路"的对联。店内设备文雅,琴棋书画,文房四宝,一应俱全。

古人出行又有所谓“宿头”，也就是每日行进若干里程后的安歇之处。“宿头”一般都由旅舍提供住宿。如果不能及时赶到“宿头”，就只得选择其他的休息方式了。借宿于陌生人家中，是极为普遍的事情。《西游记》中的唐僧师徒，常常借宿于沿途民家，其现实来源就取材于古代僧人远行借宿民宅的习俗。《水浒传》第二回“王教头私走延安府，九纹龙大闹史家村”说，王进母子西行，“在路上不觉错过了宿头”，只得前往史家村借宿，并要“依例拜纳房金。”《儒林外史》第三十五回“圣天子求贤问道，庄征君辞爵还家”说庄绍光离京南行，错过了“宿头”，借宿于一位老人简陋的草房中，也声明要“拜纳房金”。因地方简陋，随行的车夫小厮，只能睡在车上。

在车上歇宿的方式，其实也是比较普遍的。晋人王尼遭遇中原战乱，父子相保，乘牛车辗转至江夏。因没有居宅，王尼每晚与儿子止宿于牛车之上。迫不得已时，露宿野外也是家常便饭。东汉人范冉和他的妻子因党锢之祸流落天涯，有时寓居在旅舍，有时露宿于树下，因旅途困顿，这样的生活竟然长达十余年。

清同治六年重建的枫桥

如果是水路航行，则可以在船舱中安歇。著名的古诗《枫桥夜泊》，就是唐代诗人张继在一艘旅途中的船只上所写。清人黄景仁诗所谓“水声到枕今何时”，“扁舟

明《画中人传奇》中的水上客寓

梦断五更冷”等，都真切描绘了舟行旅宿的情景。《初刻拍案惊奇》卷三二“乔兑换胡子宣淫，显报施卧师入定”写道，唐卿到达目的地后，“更不寻店家，就在船上作寓”。有的旅客甚至在到达目的地之后仍然以舟船作为临时的居处。

# 驿站亭舍逢鬼怪

旅馆往往是案件的高发地点。旅行住宿,安全问题不容小视。在中国古代,亭舍逆旅同样危机四伏,祸难重重。行者在他乡异地投宿,经常遭到盗劫。《后汉书·独行列传·范式》说孔嵩"之京师,道宿下亭,盗共窃其马"。同传说到张业曾护送太守妻子返回乡里,结果在河内亭遇到盗劫。张业虽与盗贼苦战,但太守妻子的尸骸都没有保全。面对案件频发的境况,亭舍的守备人员也不得不有所提防。汉代大学者桓谭在一次旅行中突患疾病,住宿在沿途亭舍中。亭长怀疑他是盗贼,召集人马准备作战,幸亏桓谭及时亮明身份才将误会化解。

亭舍又是游魂孤鬼聚集的场所。王符《潜夫论·卜列》说"欲使人而避鬼,是即道路不可行,而室庐不复居也"。可见在当时一般人观念中,道路室庐之中的鬼怪是随处可遇的。《后汉书·独行列传·戴就》说,戴就遭到严刑拷打后,曾对审问官员发出咒怨:"就考死之日,当白之于天,与群鬼杀汝于亭中。"

因亭舍常有官员驻足休息,这里也成了冤鬼投诉的场所。《池北偶谈》卷二五"蔡侍郎"条说,石冈任山西宪使时,在下榻的驿亭遇到冤鬼。石冈面无惧色,从容问道:"你是什么

陕西淳化汉甘泉宫遗址出土"樱桃转舍"瓦当

人？如果真的有冤屈，就告诉我。我为你申冤。”鬼听到此言后，带领石冈来到一口井旁，投井而去。第二天，大家果然在井中发现一具尸体。石冈询问驿卒得知，有人曾在此处开店，此井原在他家后院之中，但此人已经搬走数年。石冈于是命令手下逮捕店主。经过审讯得知，曾有一位旅客携带重金在他家投宿，于是心生歹念，将其谋杀，投入井中。他自己则以此致富，远走他乡。石冈依法处置此人，驿亭从此也安定下来。

《搜神记》卷一六中记载了一个细致生动的女鬼申冤的故事。汉代人何敞出任交州刺史时途经苍梧郡高安县，晚上在一个叫做鹄奔亭的亭舍中投宿。半夜时分，有一女鬼从楼下钻出，向何敞喊冤：“小女子姓苏名娥，是广信县修里人。因父母早亡，又无兄弟，就嫁与同县施氏为妻。无奈丈夫命薄，死后留下一些缯帛和一位名为致富的奴婢作伴。小女子孤穷羸弱，于是雇车与致富前往邻县卖掉缯帛，以为生计。路过此地时，因天色已晚，只得借宿。亭长龚寿因见我们都是弱小女子，于是将我调戏。我誓死不从，亭长恼怒，将我二人杀死，埋在楼下，又烧毁车辆，劫取财物。小女

江苏苏州横塘古驿亭

子冤死，投诉无门，只得向使君求助。”何敞问道：“如果我发掘你的尸骨，有何为证？”苏娥说：“小女子身着白衣，脚穿青丝履，现在尸体尚未腐朽。请使君为我申冤，使我可以魂归故里，与丈夫合葬。”何敞发掘亭楼，一切果然如女鬼所说。何敞于是逮捕亭长龚寿，女鬼冤情得以昭雪。

类似的故事在正史中居然也有记载。《后汉书·独行列传·王忳》记载了郿县县令王忳在赴任途中夜宿亭中遭遇女鬼的故事。故事的情节与苏娥案件大同小异。只是这位女鬼的脾气暴躁。她此前曾向夜宿于此的过客陈冤，但均未得到回应。女鬼因此恚怒，连杀数人。好在王忳为女鬼申冤，亭舍才得以清安。

还有的女鬼专门惩罚好色的“登徒子”。《风俗通义·神怪》说，汝南郡汝阳县西门亭中常常闹鬼，导致宾客死亡。汝南郡官员郑奇在路过该亭时，遇到一位女子，乞求他同载前行。夜晚投宿时，亭卒告诫郑奇不要到楼上休息。郑奇不仅不听劝告，还与女子一起栖宿。第二天天色未明，郑奇就匆忙离去。亭卒上楼打扫，发现一具女尸，大为惊恐。亭长集合大家探视，发现女尸是西门亭附近吴氏新近去世的媳妇。吴家在出殡时，突遭大火，火灭后尸体也不知去向。那位匆忙赶路的郑奇，前行几里就感到腹痛难忍，最终死掉。从此之后，西门亭的阁楼，再也没有人敢上去。

搜神記卷一
晉 干寶撰
神農以赭鞭鞭百草盡知其平毒寒溫之性臭味所主以播百
穀故天下號神農也
赤松子者神農時雨師也服冰玉散以教神農能入火不燒至
崑崙山常入西王母石室中隨風雨上下炎帝少女追之亦得
僊俱去至高辛時復為雨師遊人間今之雨師本是焉
赤將子輿者黃帝時人也不食五穀而噉百草華至堯時為木
工能隨風雨上下時於市門中賣繳故亦謂之繳父
甯封子黃帝時人也世傳為黃帝陶正有異人過之為其掌火
能出五色煙久則以教封子封子積火自燒而隨煙氣上下視
其灰燼猶有其骨時人共葬之甯北山中故謂之甯封子

《搜神记》书影

亭舍所遇鬼魅，往往都是女鬼。有的学者认为，这可能与鬼为阴物的传统观念相关。除了鬼魅，亭舍中还经常出现各种动物幻化的精怪。

《抱朴子·登涉》说，林虑山下有一亭有鬼。住在其中的人或死或病。据说晚上常常有数十个身穿或黄或白或黑衣服的男女前来。一个名叫郅伯夷的人路过此地投宿。夜晚，郅伯夷点燃明烛，端坐诵经。不久，果然来了十几个人，坐在郅伯夷对面，自顾玩起游戏。郅伯夷偷偷用镜子窥视，发现他们是一群狗精。郅伯夷于是故意打翻蜡烛，引燃他们的衣服。结果衣服发出了毛发烧焦的味道。郅伯夷怀藏小刀，借乱杀死一人。被杀之人开始还发出人的叫声，后来就变成一只狗。其余人见状都逃跑了。亭舍从此安宁。

在中国古代志怪小说中，狐狸应该是最常见的精怪了。《搜神记》卷一八说，南阳西郊有一亭闹鬼。当地人宋大贤自恃为人正道，不惧鬼魅，于是前往亭楼投宿。到了夜晚，宋大贤没有暗藏兵器，反而弹琴自娱，从容自若。忽然有一个面目狰狞的恶鬼悄然上楼，用言语恐吓宋大贤。宋大贤面无惧色。恶鬼只得离开。不久，恶鬼带来一个死人头，扔到宋大贤面前，问道：“你今晚睡不着了吧？”没想到宋大贤说：“太好了！我正缺枕头。”恶鬼无奈，于是再次离开。许久，恶鬼再次出现，恐吓宋大贤说：“你敢

汉尚方四神规矩铜镜

和我摔跤吗?”宋大贤一边说很好,一边趁恶鬼不注意将它的腰抱住,将其杀死。第二天一看,恶鬼原来是一只老狐狸。

除了狐狸,毒蝎、雄鸡、鹿,甚至老母猪,都可以幻化为妖精,为害人间。《搜神记》卷一八说,安阳城南有一亭,夜半常常闹鬼死人,无人敢住。有一明习法术的书生不听亭卒劝告,夜宿于此。书生读书至半夜,安然睡去。许久,有一个身着黑衣的人在门外呼唤亭长:“亭长有人吗?”亭长答道:“有一位书生在此读书。似乎还没有睡去。”黑衣人听后,喑嗟而去。不久,又有一个戴着红色帽冠的人前来问话,同样暗叹而去。书生觉得其中蹊跷,也模仿二人询问亭长。亭长答复如前。书生又问黑衣人和着红帽冠人是谁,亭长说,黑衣人是西舍老母猪,红帽冠是北舍老公鸡,我是老毒蝎。书生因此大恐,一夜诵读诗书,没有入眠。第二天,书生提剑杀妖,将三物剪除。同卷还说到一位名为谢鲲的人,夜宿空亭。半夜有一黄衣人让他打开窗户。谢鲲毫不惧怕,开窗让黄衣人将手臂伸进来。谢鲲将手臂用力扯断,发现竟是一条鹿腿。

类似的亭舍遭遇鬼怪的故事还有很多,故事情节也大多类似。这类故事的大量流传,说明在古人观念中,亭舍往往危机四伏,暗藏许多未知凶险。这也是古人认为行旅艰难的一种心理意识的折射。

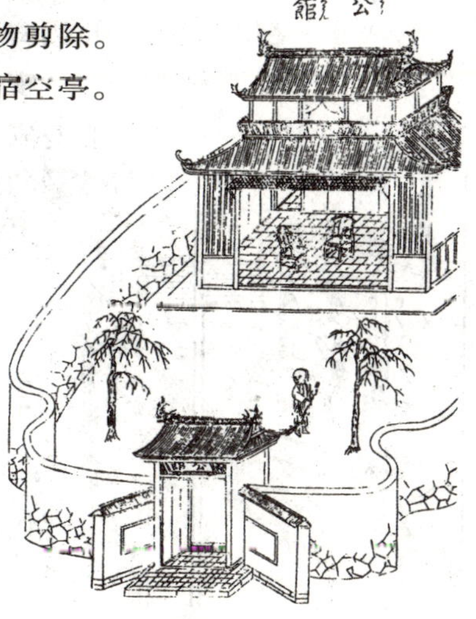

《清俗纪闻》“公馆”

# 非常夜行禁制严

《焦氏易林》说："不风不雨，白日皎皎，宜出驱驰，通利大道。"旅人出行一般都会选择晴暖和朗的白天。但是由于各种原因，夜间出行的情况也并不鲜见。在司马相如和卓文君的爱情故事中，卓文君就是在夜晚逃到司马相如住处，二人又连夜私奔到成都。红拂女夜奔李靖的故事，也是为人所熟知的。红拂女本是隋炀帝时司空杨素的侍女，因仰慕李靖，连夜奔赴李靖的驿舍。刘邦赴鸿门宴前，项羽的部下项伯曾经连夜赶到刘邦军中私邀故旧张良出逃，后来他又连夜赶回项羽军中。据说汉武帝和汉成帝，喜好夜间微行游玩。武帝甚至放弃九五之尊，自称"平阳侯"。成帝也因贪恋民间而"昼夜在路"。

夜间出行，有些是为了隐秘。出于对自身安全的考虑，逃亡的人往往昼伏夜出。伍子胥逃往吴国时，就曾经"夜行昼伏"。西汉吴楚七国之乱时，被困在吴军阵营的汉王朝使节袁盎就是在夜间才得以从吴王刘濞阵中逃出。东汉末年寇贼兴起，道路隔绝，连驿道也被战乱隔绝。名士刘翊于是采取"夜行昼伏"的方式才得以到达长安。战乱中兵败一方也往

明《重校红拂记》"侠女私奔"

往选择在夜间出逃。楚汉战争时，刘邦在荥阳大败，他让二千女子伪装为军队在夜间从荥阳东门突围，自己则从西门狼狈逃往成皋。项羽在垓下被围，也是与麾下八百壮士在夜间突围。吴王刘濞兵败，在夜间携随从逃亡丹徒。在汉朝与南越的战争中，败亡的吕嘉在夜间出逃海上，乘船西去。战争中还经常采取夜间出兵的方式，以出奇制胜。夜行的军队要“人衔枚，马摘铃”，以免引起敌人的注意。

夜间行进也是提高旅行效率的有效手段。杜甫的《自京赴奉先县咏怀五百字》诗说“客子中夜发”，“凌晨过骊山”。他半夜即从长安出发，凌晨时已经到达骊山。军队作战，如果遭遇紧急军情，也采取晨夜兼行的方式，以赢得宝贵的作战时间。如果是在夏季出行，夜间行进也是避暑去热的好方法。杜甫的《早发楚城驿》诗就写道：“月乘残夜出，人趁早凉行。”陆游的《自山中夜行还湖上》诗也说：“火云峥嵘水车鸣，行人畏热不敢宁。”

神鬼往往在夜晚现身，夜间出行，更容易遭遇鬼怪。夜行者的行旅见闻往往笼罩着神秘甚至带有恐怖色调的气氛。秦始皇三十六年秋天，一位使者从关东前往关中，夜晚经过华阴平舒。有人手持玉璧拦截使者说：“帮我把玉璧送给滈池君。”又说：“今年祖龙死。”说完就隐身不见了。使者不明就里，只得将玉璧进献给秦始皇。秦始皇沉默良久，说：“山鬼不过只能知道一年之内的事情。”后来又说：“祖龙，是祖先

明《三才图会》汉武帝像

的意思。”秦始皇又让人检视玉璧，发现正是他二十八年渡江祭祀时沉入河中的玉璧。秦始皇明知祖龙是指自己，然而仍旧掩耳盗铃，认为使者所遇神灵为山鬼，并不足信。后来，秦始皇果然在一年之内就去世了。

汉代开国皇帝刘邦起事，也是缘于一次夜行经历。刘邦当亭长时曾押送戍卒前往骊山。因戍卒多有逃往，刘邦干脆释放所有戍卒，自己也亡命天涯。他喝醉酒后与随从在夜间赶路。探路的人回报说，前面有大蛇当道。大家都不敢前进，惟有刘邦倚仗酒力，操剑前行，将大蛇斩为两段。不久，他们遇到一位老妇在路边痛哭，问其缘故，她说：“我的儿子是白帝之子，化为大蛇，现在被赤帝之子斩杀了。”说完，老妇忽然不见。众人由此更加敬畏刘邦。

干宝《搜神记》中也有许多夜行逢鬼的故事。其中，最为著名的是宋定伯遇鬼的故事。宋定伯一次在夜间赶往宛市时遇到鬼，欺骗鬼说自己也是鬼。因步行缓慢，双方于是轮流背负前行。途中，宋定伯得知鬼害怕人的唾液。在快到宛市时，宋定伯将鬼抗在肩头，一路狂奔。鬼觉察其中有诈，大声呼喊，一路挣脱未果。到达宛市后，鬼化为一羊。宋定伯恐它再有变化，用唾液将它封锁，还将羊卖了一千五百钱，扬长而去。

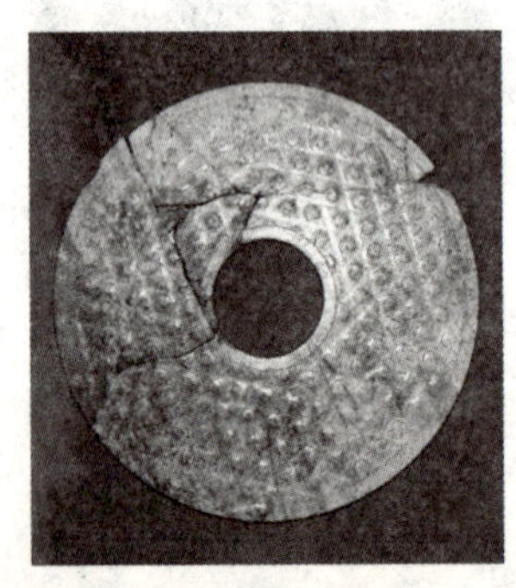

山东荣成出土秦玉璧

《焦氏易林》说：“视夜无明，不利远乡。”夜行的最大困难，是夜晚能见度较低，不利出行。《礼记·内则》说女子“夜行以烛，无烛则止”。其实，任何人夜行都需要光源照明。白居易有“中宵把火行人发”的诗句。火把，无疑是夜间出行的最佳伴侣。《淮南子·说山》说：“亡者不敢夜揭炬。”逃亡的人在夜间不敢使用火把，只能依靠星月照明。若是在月初和月末出行，就只能依靠点点星光了。《后汉书·灵帝纪》说，因宦官政变，少帝与陈留王只得“夜步逐荧光行数里”。万不得已的情况下，萤光竟然也可以提供夜行照明。如果遇到“盲人骑瞎马，夜半临深池”的窘境，就只能依靠上天保佑了。若是遇到阴雨天气，夜间出行则会更加困难。古人服饰宽大，夜晚湿重的露水，也会给行旅带来困难。《焦氏易林》就说：“迷行晨夜，道多湛露，濈我袴襦，重不可涉”。

夜行的安全无疑更加难以保障。秦始皇在一次夜间出行中曾遭遇盗贼的侵袭。西汉梁孝王的儿子刘彭离骄奢横暴，在夜晚伙同数十亡命少年烧杀抢掠，导致无人敢夜间出行。据《后汉书·姜肱传》载，姜肱和兄弟夜行遇到盗贼。盗贼本想杀掉二人，但因二人争相赴死，感动盗贼，于是二人得以全命。而汉武帝之子赵王刘彭祖，因自愿督查国内的盗贼，常常在夜晚出来巡查。这正反映当时确实存在盗贼夜行的情况。

正是出于维护治安的考虑，古代曾实行严禁夜行的宵禁制度。《周礼·秋官·司寤氏》说，司寤氏掌管夜晚治安，负责督察夜晚出行者。汉代也设有卫尉负责督察夜行，若遇到夜行者，要上前问明情况。《史记·酷吏列传》说汉代酷吏王温舒以严法治郡，曾使“郡中毋声，毋敢夜行，野无犬吠之盗”。《史记·李将军列传》中，记载了李广的一次夜行经历。李广有一次晚归经过霸陵亭，被霸陵尉所“呵止”，李广的随骑匆忙报告身份：“故李将军。”霸陵尉说：“今将军尚不得夜行，何乃‘故’也！”说现任将军也不能夜行，更何况已经免职的“故”将军呢。“今将军尚不得夜行”，反映出当时禁止夜行法令的严格。汉安帝时，曾专门下诏规定钟鸣漏尽之后，禁止在洛阳城中出行。曹操任洛阳北部尉时，就曾处死违禁夜行的汉灵帝宠臣蹇硕的叔父。

河北怀来明鸡鸣驿

交通要道上的关卡，在夜晚也会关闭，客观上起到了限制夜行的作用。孟尝君从秦昭王那里脱险后，变异姓名，连夜赶至函谷关。因担心秦昭王变卦，只得借助“鸡鸣”之徒的帮助，提前逃离函谷关。西汉末年，民间流行以西王母崇拜为背景的流民运动，曾经有狂热分子在夜晚冲击关卡，以便继续前行。宫中城门也会在夜间关闭。东汉光武帝曾经出猎晚归，城门已经关闭。担任东城门候的郅恽按照制度规定没有给光武帝开门。光武帝只得从东中门进入。后来，光武帝还专门表彰了守法严格的郅恽，贬斥了违反法令的东中门候。

四川青羊山汉墓出土“函谷关东门”画像砖

# 女子外出礼裹足

《礼记·内则》说女子“十年不出”，又有“男子居外，女子居内”的说法。《左传·僖公二十二年》也说：“妇人送迎不出门。”这些都是古代对女性外出活动的限制。直至近代，大家闺秀仍讲究“大门不出，二门不迈”。多数女性一生的大部分时间都被限制在闺阁之中。然而，女人的一生并不是完全没有出行的经历。《红楼梦》中，林黛玉幼时就辞别亲父，由贾雨村陪同从扬州前往贾府。林父去世后，她又由贾琏陪同奔丧，往返于京都和扬州之间。薛宝钗进京，也可看做是在母兄带领下的一次长途旅行。薛宝钗的堂妹薛宝琴，自幼跟随父亲经商游历，“天下十停走了有五六停”。

远嫁他乡的女性的婚礼过程其实也是一次远途旅行的过程。昭君出塞和文成公主入藏，都是人们熟知的和亲故事。王昭君和文成公主在牺牲个人幸福完成和亲壮举的同时，也完成了丰富人生阅历的长途跋涉。匈奴史专家林幹先生曾对昭君出塞的过程，做了具体入微的推想。昭君跟随呼韩邪单于在军队护送下，一路北行，跋涉上千公里，到达匈奴单于王庭。文成公主则由长安出发，在使节的护送下到达柏海，

明仇英绘《明妃出塞图》

再在松赞干布的亲自陪同下到达拉萨。

有的女性还会跟随丈夫浪迹他乡。据说，喜欢四处巡游的秦始皇曾携带宫女出行。在会稽地方，美人终于不堪旅途劳累病亡他乡。汉高祖刘邦晚年往返于长安洛阳之间，爱姬戚夫人也常常随行左右。东汉光武帝征战创业，发妻阴丽华在追随丈夫刘秀的征途中，生下了汉明帝刘庄。西北边地的戍所中，也可以看到跟随丈夫远行的女子的身影。如果遭逢战乱，很多女性也要被迫依附男子飘零天涯。汉献帝之妻伏皇后，虽贵为皇后，也险些在汉末纷争的旅途中丧身黄泉。也有女性在艰难的旅途中做出令人瞩目的事业。汉代著名的外交家冯嫽，本是跟随解忧公主嫁入乌孙的侍女。她往返于关中和西域之间，为汉代的外交事业作出卓越贡献。

汉“单于和亲”瓦当

文成公主像

《礼记·内则》说“女子出门，必拥蔽其面，夜行以烛，无烛则止”。女子出行，有更多的礼仪限制和安全措施的保障。古代有专为女子乘用的车辆。据孙机先生考证，这样的车称作“辎车”或“軿车”。例如，《古列女传·齐孝孟姬传》说：“妃后踰阈，必乘安车辎軿车。”《后汉书·张敞传》说：“君母出门，必乘辎车。”《说文·车部》：“辎、軿车，衣车也。”所谓“衣车”，就是车厢封闭的车。西汉昌邑王刘贺在赴京奔丧途中，曾经“使从官略女子载衣车”。被刘贺劫掠的女子被迫乘坐于衣车之中。女性乘坐衣车出行，更多的是对礼仪规范的遵从。在山东沂南出土的描绘汉代车马出行的画像石中,画像中墓主夫人所乘坐的就是一辆辎车。軿车与辎车形式相似,只是辎车有后辕,而軿车没有后辕。著名的内蒙古和林格尔壁画墓中,墓主夫人乘坐的车就没有后辕,其旁的榜题也作“夫人軿车”。还有一种供女子乘坐的“輂车”。在甘肃武威雷台东汉墓出土的铜车马中,就有铭文为“守张掖长张君前夫人輂车马”的铜车,可见也是供女子乘坐的。

《后汉书·列女传》说汉代名士鲍宣的妻子,曾经“更着短布裳,与宣共挽鹿车归乡里”。所谓“鹿车”,就是独轮车。鲍宣妻子和他同甘共苦,手推独轮车返回家乡。东汉末年的另一位名士范冉,曾经“推鹿车,载妻子”四处漂泊。这种让妻儿坐在独轮车上的出行方式,直至近代仍然十分常见。民间庙会出演中,多有女子骑驴,男子在旁随行的表演,其实也是对现实生活的真实写照。之所以如此,也是因远途旅行,女子不胜体力所致。

古代女子一般不出门远行的原因,除了礼仪上限制之外,还有出行安全因素的考虑。《汉书·何武传》说,大司空何武派人迎接后母,正赶上汉成帝驾崩,“吏恐道路有盗贼,后母留止”。何武因此背上了“事亲不笃”的罪名,遭到罢免。如果遭逢战乱,女子往往成为劫掠的对象。《后汉书·朱晖传》载,王莽之乱时,朱晖和家人逃难,路上遭遇

四川成都市扬子山汉墓画像砖中的“辎车”

强贼，手持白刃劫掠女子财物。其他人都趴在地上不敢移动，惟有年仅十三岁的朱晖拔剑喝道："财物皆可取耳，诸母衣不可得。今日朱晖死日也！"即使有男子陪同，如果遇到强盗，女性的安全也未必能够得到保障。两汉之际，更始帝败亡，弃城逃走，结果"妻子裸袒，流冗道路。"东汉末年董卓的军队"马边悬男头，马后载妇女"。一代才女蔡文姬也曾经从故乡陈留被掳劫到南匈奴，饱尝流离之苦。

为了安全起见，有的女子干脆以泥涂面，以避祸乱。《后汉书·赵憙传》说，赵憙曾和好友韩仲伯等携带妻小逃难。韩仲伯因自己妻子美貌，怕在路上惹来祸患殃及自己，竟然想将自己的妻子丢弃。赵憙怒责韩仲伯，"因以泥涂伯仲妇面，载以鹿车，身自推之"。一路终于化险为夷，没有遇害。赵憙一行逃至丹水，遇到败亡的更始帝亲属，也全部"裸跣涂炭"，以躲避盗贼。《靖康要录》卷十记载靖康之变发生时，东京城内人心惶惶，"妇女以泥墨涂面，百计求生"。故意丑化自己的容颜，成为战乱时为保全自身而做出的迫不得已的选择。

四川成都市扬子山汉墓画像砖中的"鹿车"（局部）

民间剪纸"回娘家"

当夜幕降临，如何住宿便成为一个重要问题。我们看到，具有一定身份的女子可以住宿于从属于国家邮驿系统的传舍或邮亭中。《汉书·酷吏传》说酷吏严延年在任河南太守时，母亲前来探视，正看到严延年处决犯人。严母大惊，为此不肯到儿子的居所，而是"止都亭”。严延年为此专门登门谢罪，其母方才前往儿子的“府舍”。《后汉书·桓荣传》说，桓晔的父亲桓鸾去世，他身为大司空夫人的姑姑前往奔丧，曾经“止于传舍”。悬泉置位于今天的甘肃省敦煌市，是古代丝绸之路上的一处重要的驿站。在这里出土的汉代简牍中，经常可以见到接送往来宾客的记录。远嫁乌孙的解忧公主，就曾经路过这处驿所。有简文记录说，甘露三年，乌孙公主和从属回归中原，御史大夫陈万年下发文书给沿途驿站，要求他们按照法律规定，提供车马和住宿服务。

不过，也有人以为与女子同行不吉。《左传·襄公十二年》说，陈国国君出逃，路遇大夫贾获及其母亲妻子乘车出行。贾获让母亲和妻子下车，将车让给国君。国君提出可以搭载贾获的母亲一起走，贾获则认为不祥，坚决拒绝。《汉书·李陵传》说，李陵带兵作战失利，他怀疑军中有女子藏匿。于是在军中搜索，果然找到了一些被兵士私藏在大车中的女子。在将她们处死后，李陵军果然取得了大捷。

这样的观念，在近代民间社会依然盛行。传统民间社会认为女人容易沾染晦气，女子出行的禁忌也相当繁复。在河南，女子外出头上要裹以红色方块布以趋吉避凶。男子出行前夜则不得与妻子同房，否则会有血光之灾。在甘肃，男子出远门时忌与经期女人同路。在福建，如果出行途中遇到女人挡道，则是晦气。因女子属阴，水上航行对女子的禁忌更为严格。福建忌讳女人跨越长橹或触摸船舵，忌讳将女人衣服晾晒在长橹、船舵之上。有的地方还不准女人横跨拉船的纤绳。台湾则忌女子登上渔船，认为女子登船会冲犯船上的神堂，对出海不利。舟山群岛忌讳女子乘船下海，有“妇女乘船船要翻，妇女下海海要荒”的说法。当地人还特别忌讳七男一女共船出海，认为这样类似“八仙过海”，会惹怒海龙王。吉林满族人在横渡时，孕妇与寡妇不能上第一船。在顺水行船一里之后，寡妇才能上船。他们还认为船头是非常神圣的，结过婚的女人不能坐在船头。浙江湖州一带，忌男女在客船交媾。船工也不准进产房，如果进入，一个月内要禁止行船。

# 漫漫商旅谨慎行

中国古代的商人可以分为“坐贾”与“行商”两类。“坐贾”拥有自己的店铺，贸易往来的范围大多在店铺附近地区。“行商”则不同，他们奔波往来于大江南北，既是商人也是旅人，在漫漫商路上完成自己的人生旅程。

河北石家庄上京村毗卢寺壁画所见货郎

据说，势力大的商人可以“千里游敖，冠盖相望，乘坚策肥”，尽享世间荣华。有些商人甚至可以交通权贵，为自己的商业扩张创造条件。大商人吕不韦在赵国时可以结交在赵国做人质的秦国公子子楚。在秦国时又能够结交掌握国家实权的华阳夫人，展现出非凡的交际能力。商人的活动，甚至能够改变历史车轮的行进轨迹。春秋时，秦穆公伐郑，路遇郑国商人弦高。弦高惧怕秦军攻郑，因此假托郑国国君的名义犒赏秦军。他说：“听说贵国将攻打郑国，我国国君已经谨修守备，命我用十二头牛犒劳军士。”听说此言，秦军将领以为郑国已经知道秦军的进攻计划，于是班师回国。

清末汉口货郎

有的商人的车队甚至可以跟随帝王銮驾远行。据说一位洛阳商人，携带财物跟随皇帝车队出行，夜间迷失道路，走到黄河岸边向一位津长求救。津长出手相助，但商人在渡河时暴病死去。津长于是将他和所运财物一起安葬。后来,商人儿子找到此处,发掘父亲坟墓,发现财物丝毫无损,因此大受感动,想将财物悉数赠送津长。津长则坚辞不受。皇帝听说此事后,褒奖津长说:“君子也!”于是此处津渡也改称为“君子济”。这位商人的车队能够跟随在帝舆之后行进,说明他的商业势力不容小视,然而却在漫漫商旅途中病亡他乡。风光无限的背后,也有人所不知的苦楚。

冯梦龙的《喻世明言》录有《古风》一篇,从中可以体会商旅的艰难。“人生最苦为行商,抛妻弃子离家乡。餐风宿水多劳役,披星戴月时奔忙。水路风波殊未稳,陆程鸡犬惊安寝。平生豪气顿消磨,歌不发声酒不饮。少资利薄多资累,匹夫怀璧将为罪。偶然小恙卧床帏,乡关万里书谁寄?一年三载不回程,梦魂颠倒妻孥惊。灯花忽报行人至,阖门相庆如更生。男儿远游虽得意,不如骨肉长相聚。请看江上信天翁,拙守何曾阙生计?”汉乐府《孤儿行》描述商人四处奔波,南到九江,东到齐鲁,以至“头多虮虱,面目多尘”。遇到道路阻隔的情况,不仅影响商业贸易,还会给商人造成无尽酸苦。《焦氏易林》就说因为“道绝不通”,造成“伤我商人”、“病

甘肃敦煌莫高窟壁画《商旅图》

我商人”、“商旅失意”、“商困无功”的种种困境。

明人李晋德编撰的《客商一览醒迷》一书，对作者自己和前人流传的行商经验作了细致总结。书中附有《悲商歌》三十首，其中许多说到了商旅的艰辛。如，“四业惟商最苦辛，半生饥饱几曾经。荒郊石枕常为寝，背负风霜拨雪行。”“抛却妻儿渡海滨，不辞晓夜载星行。若然财本轻虚费，幸负勤渠受苦辛。”“万斛舟乘势撼山，江愁风浪浅愁滩。黄泉此去无多路，危在呼吸反掌间。”为了赚取薄利，风餐露宿，披星戴月，抛妻别子，四海为家。而行旅艰难，稍有不慎，就会人财两空。

《客商一览醒迷》中还有许多内容与商人行运有关，其中不乏真知灼见，对今天的商旅生活仍有借鉴意义。它提醒商人选择合适的出行时间，注意观测天气变化，留心人身财物安全，警惕心怀叵测之徒，谨防各种意外的发生。

对于出行的时间安排，其中说道：“天门财富任君行，申集盗贼宜敛迹。”出门行船最忌申日，俗语又有“酉不离，七不往，八不归”的说法。这些日子都不易出行。另外，每月的初六、十

《清明上河图》中的汴河航运

四、二十二、三十是天集日，初八、十六、二十四是天盗日，初二、初十、十八、二十六是天贼日。这些日子都不可出行。其余的日子都是天门、天财、天阳、天仓、天富这样的吉日，都可以出行。又如，“三三九九浪掀天，五五六六风转北。”三月初三是玄帝的诞辰，九月初九是玄帝飞升之日。这两天前后必然有大风拔木扬沙，行船应该避开这些日子。夏天多是南风，向南行进的船只不易前行。然而四月有鱼苗风，五月有划船风，六月有彭祖风。把握时机，也可以由北而南。

商旅行运不仅要注意各种凶日，还要对季风、天气有充分的了解。“箕毕未免风雨，执破必然阴晦。”是说月亮经过箕星时风多，经过毕星时雨多。执日多阴，破日多雨。如果在这四天出行，难免遭遇阴天晦雨。除去其中的神秘主义的因素，一些内容对今天的商船运输仍可参考。如，“辰巳不异黎明，春夏最嫌燥热。”黎明开船，一般天色明净，直到辰时巳时都不会改变。虽然有微风，但不妨行船。春夏应提防风雹。如果天气燥热，当日必有风雨。又如，“日行恐恐，夜泊惺惺。”白天乘船时即使天气晴朗，波平风息，也

清徐扬绘《姑苏繁华图》(局部)

不能嬉戏乐舞。应该常怀恐惧，勤观云色，以备不虞。夜晚即使停泊在港湾，也不可贪睡，以防小人窃取财物。

对于商人自己的生活起居，要做到"坐卧宜煖，寒暑在调"。旅途艰苦，无人照应。不管何时，衣被都要暖厚，这样才会少生疾病。夏天怕暑贪凉，容易贪食生冷瓜果；冬天惧冷求暖，饮酒驱寒容易贪杯。这些都会损害身体，应当谨慎。对于每日的行进节奏，也有规范遵守。"天若东冥休起早，日终西坠便湾船。"俗语"投早不投晚，耽迟莫耽错"。切记不可夜行。不管陆行水行，东方天色发白方可前行。太阳要落山时，则应及时投店泊船。出行还应谨记切莫沾染恶习。"啧诱嫖娼，娼恋则骗端由起。"行商在外，容易贪恋花酒，迷醉不醒。所携带的货财，也任由他人鱼肉。等到醉梦苏醒，往往已经资费殆尽。

商人出行，除了自身性命外，最重要的事情就是所运财物的安全了。对于如何保护财物，其中说："逢人不令露帛。"出行在外，携带的财帛要谨慎收藏，所需用盘缠也要少留在外。如果财物被歹人瞧见，则会丧命倾财。即使是自身的装束，也要时刻注意："客商慎勿妆束，童稚戒饰金银。"商人出门，穿

京杭大运河

着尽量朴素。过分注重穿着，难免会引起小人惦记。至于孩童更不能佩戴手镯、项圈、耳坠等金银。若被小人窥见，则可能遭到劫持，甚至被其拐卖。行李的收拾整理也有技巧。例如，“铜铁忌储箱箦，重物莫裹包裹”。铜铁秤砣之类的重物，不可放入箱柜或包裹之中，而应放在显眼的地方。路途之中，如果行李包裹交给路伕担挑，沉重的包裹容易让人联想到金银财物，进而影响旅途安全。所雇用的交通工具，也要仔细检查。“老舟帆桨朽坏，应防风浪之危。”雇用船只要辨识新旧，以防风浪倾覆。舵损帆穿的船只不耐风浪，不能租赁。

“防人之心不可无”，对待旅途中遇到的生人，书中也有许多经验总结。如，“同行无的伴，谨慎橐囊。”外出一定要选择放心的同伴。如果路遇生人而成为朋友，也要谨慎提防。知人知面不知心，如果轻信他人，金银财物就会或被诈骗，或被窃取。“通舟共弃因悭小。”出门在外要大度慷慨，小气吝啬会遭人嫌弃。如果与人同舟而行、同店而眠，切不可独自享用饮食蔬果。还有“路钱勿负，恩债必偿”的经验。出外路经的口岸店肆，所赊贷的酒食饭费一定要偿还。如果一日再次

清徐扬绘《姑苏繁华图》所见苏州水上贸易(局部)

相逢,让人当街索取,颜面何存?再遇到缺乏困顿之时,谁还肯借贷?遇到鳏寡贫穷乞讨于路的,要慷慨解囊,救人于水火。只是一味追随富商大贾,则是真正的小人了。除了尽心帮助穷困者,还要防范骗子。"格船行李潇然,定是不良之辈。"如果遇到衣冠整齐,又不携带行李物品,踪迹可疑之人,一定是不良之辈。他们或会行赌煽诱,或会暗下毒药,一定要小心提防。而如"行旁让步缄默,果是真谦"这样的经验,不仅仅是行路的规则,也是做人的准则。谦谦君子,走路时遇阻时会主动站立道侧,缓步避让。不轻易褒贬他人,拨弄是非,才是真正的正人君子。

# 险道败车贼剪径

研究中国古代行旅文化的专家江绍原先生曾说，虫蛇虎豹，草木森林，深山幽谷，大河急流，暴风狂雨，烈日严霜，社坛丘墓，神鬼妖魔都是行者在旅途中可能遇到的危险。《焦氏易林》说旅行者可能遭逢"出门逢患"、"出门逢恶"、"出门蹉跌"，甚至有"出门见怪"、"中道遇害"的情形。时至今日，旅行的安全仍是行旅途中需要格外注意的事项。

即使是交通发达的现代社会，交通事故导致的死亡人数一直徘徊在意外死亡人数的前列。在交通条件相对落后的古代社会，因交通事故阻碍行程的故事也屡见不鲜。车辆的隐患往往成为交通事故发生的诱因。在没有车辆"召回"制度的古代社会，车辆的安全更加难以保障。《周礼·考工记》说："一器而工聚焉者，车为多。"车辆制作可能是古代最为复杂的一项工艺，车辆的使用寿命也很短暂。在居延汉简中可以看到大量有关车辆"折伤"的记录。例如，"其六十五两折伤，卅二两完"。97 辆车中，竟有 65 辆报废，只有 32 辆完好。

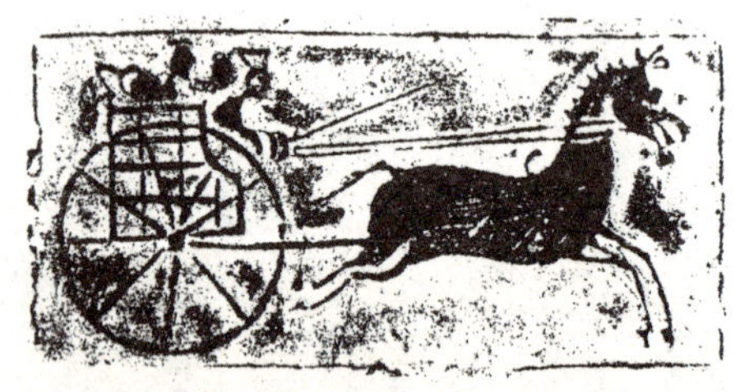

河南郑州汉墓画像砖轺车出行图

在行车过程中，经常会遇到"轴折车废"的情形。刘向的《九叹·离世》说到乘车高速行驶时发生意外事故，

“驷马惊而横奔”,御者无力控制,导致“折轭而摧辕”。失去控制的马车,一直到暮夜时分方才止息。《焦氏易林》说出行不利的卦象,有因车辆问题导致马匹奔出,双轮脱轨,以至于会发生“行不至,道遇害”的惨剧。即使帝王的乘舆也会发生意外。一次,汉文帝的马车经过中渭桥,马匹受惊,险些酿成事故。《后汉书·刘玄传》说,汉更始帝自洛阳西行,刚刚出发,结果“马惊奔,触北宫铁柱门,三马皆死”。

险要的交通道路,也会对行旅安全带来影响。在有些危险路段,“人物俱堕,沉没洪渊”的事故屡有发生。颠簸不平的道路会导致“伤车折轴”。恶劣的天气也会造成车辆的损毁。《后汉书·独行列传·刘翊》说,刘翊在一次旅行中,“遇寒冰车毁,顿滞道路”。

汉开通褒斜道刻石拓片

水路行旅也常有事故发生。据说周昭王在南巡途中乘船涉渡汉江时,因渡船破坏而意外溺死。周人为此和为昭王提供渡船的楚人结下历史积怨。杜畿曾在黄河航道为曹丕制造楼船,结果在陶河试船时,不幸遭遇风暴而沉没。海上航行则更加凶险。泛海远行,往往“风波艰阻,沉溺相系”。行人旅客远航时,也经常“于海中遭风,多所没失”。《醒世恒言》卷一〇《刘小官雌雄兄弟》描述了一起水上行旅横遭风浪袭击,以致

古栈道遗迹

船毁人亡的事故。因遭遇风雨，运河水位暴涨，一只大客船被风雨侵袭败坏，“船上之人，漂溺已去大半。余下的抱桅攀舵，呼号哀泣”，虎口脱险的刘小官在后来的旅途中，执意坚持“还从陆上行”，可见此次事故对他的心理造成的深刻印痕。

如果交通事故可以算做“天灾”，那么旅行途中遭遇劫匪则是真真切切的“人祸”了。民间故事中的劫匪，开场白往往是“此路是我开，此树是我栽，要想从此过，留下买路财。”拦路抢劫，又称作“剪径”。《诸宫调风月紫云庭杂剧》第三折有：“这条冲州撞府的红尘路，是俺娘剪径的白草坡。”“剪径”的原义，应该就是截道劫路，切断行旅之途。

甘肃敦煌壁画“商人遇盗”

劫匪的劫掠对象，当然是行者所携带的贵重物资。清人黄遵宪《潮州行》诗写道：“但饱群贼囊，免更遭劫虏。”旅行者身在异地，无所倚靠，遇到劫匪时往往被迫就范，破财消灾。《水浒传》中晁盖等人智取生辰纲，劫掠的就是为官方押运物资的杨志及其部下。《后汉书·独行列传·彭修》就记载，彭修和父亲

《清明上河图》中帆船

回乡，“道为盗所劫”，旅行陷入困迫。甚至在都市之中，也有劫匪横行。《汉书·酷吏传·尹赏》载，长安城中有恶少年以凶杀取乐，每到晚间就四出抢劫，杀害路人，使得尸横道路，报警的鼓声起伏不绝。贵为天子的秦始皇出行时也曾遭遇劫匪。秦始皇曾经在咸阳微服出行，晚间在兰池宫附近行遭到劫匪侵犯，情况紧急。幸亏得到随行武士保护才得以脱身。秦始皇为此在关中地方进行了长达二十余日的大搜捕。

明《三才图会》秦始皇像

亭舍旅馆也是抢劫案件的高发地点。《后汉书·独行列传·张武》说，吴郡太守的妻子儿女还乡，在河内亭遭遇盗劫，随从张业与盗匪力战而死。民间野店劫杀旅客以谋取财物的情形则更为普遍。武侠小说中的“龙门客栈”，往往是劫匪盗贼的据点，甚至店主也参与其中，成为“黑店”。《水浒传》中对张青、孙二娘在十字坡所开黑店的生动描写，很可能是以一定的社会现实为依据的。

水浒传：孙二娘

水路旅行同样有劫匪横行。王安石《收盐》诗就有过“尔来盗贼往往有，劫杀贾客沉其艘”的记录。《西游记》中唐三藏之父陈光蕊，就是在赴任途中被船主杀害。清人黄培芳《赎人行》诗也有“海上盗船动盈百，东南西北候过客”的诗句。横行的盗船数量竟超过百艘，静待过客上钩。有些劫匪集团势力庞大，甚至形成武装割据。东汉“海贼”张伯路手下有三千余人，劫掠沿海九郡，杀害政府高官，公开与东汉王朝对抗。《水浒传》中的梁山泊，也成为宋江集团的据点。他们“大秤”所分“金银”，自然也是靠劫掠而来。

旅行生活本就步步艰辛，如果在行旅之中感染疾病，旅途则会更加困顿。行者在路途中往往得不到有效救治，贫病交加，甚至丧身黄泉。《汉书·苏武传》记载，苏武远使匈奴，流落北海大漠长达19年，随从者大多“物故”，和他一起归还中原的只有九人。所谓“物故”，也就是死去。另一位汉代使节张骞出使西域，出发时有百余人跟随，十三年之后返回故土，只有两人生还。自中原远赴边疆戍守的戍卒，也往往因路途遥远，贫病而亡。居延汉简中经常可以见到远行戍卒“行道物故”的记录。

所谓“客死”、“客葬”都是旅行者经常面对的事实。客死他乡者的墓牌，也被称为“远乡牌”，以示区别。《半夜雷轰荐福碑杂剧》第三折就说：“但占着龙虎榜，谁思量这远乡牌。”“哀也波哉，西风动客怀，空着我流落在天涯外。”客死他乡，魂魄漂零，被看做行旅者莫大的悲哀。艰辛凶险的旅途有时也会遇到好心人相助。《后汉书·独行列传·王忳》说，王忳前往京师，在途中的客舍见到一位身患重病的书生，出于怜悯之心加以照顾。书生自觉大限已至，说自己本要前往洛阳，然而现在命在须臾，他腰下尚有黄金十斤，情愿相赠，只求自己死后王忳能够帮助安葬。王忳不负托付，用一斤黄金将书生安葬，剩余的钱财全部埋在了棺木之下。后来死者的父亲前往迎丧，“余金俱存”，王忳也因此声名大显。

# 虎狼为患路不宁

虎狼之类的猛兽，现在大多只能在动物园看到了。古代的自然条件和生态环境与现今多有不同，在未开发的山林中，虎狼的踪迹是不难寻觅的。《论衡·遭虎》说："山林草泽，虎所生出也。"老虎的生存范围曾经遍布大江南北。在人烟稀少的荒郊野径，时常会有野兽出没，威胁行者的旅途安全。除了遭遇虎狼等野兽，其他蛇蝎猛兽也会对行旅安全造成威胁。《论衡·遭虎》说："行山林中，麋鹿野猪，牛象熊罴，豺狼雌蠼，皆复杀人。"汉代的石刻资料曾说，连接关中巴蜀地区的古道，"恶虫蔽狩，蛇蛭毒蝮"，可见川陕之间的交通安全曾受到毒恶生物的侵袭。在野兽泛滥的地区，甚至发生野兽进入都邑吃人的情形。《续汉书·五行志一》中就曾记载，在汉顺帝时，望都发生"狼灾"，杀死儿童达 97 人。汉灵帝时，晋阳又有数十头狼侵入城门咬人。

传说古代的勇士孟贲，"水行不避蛟龙，陆行不避虎狼"。可见，虎狼是当时人出游时不得不特意防范的祸害。《抱朴子·登涉》曾说，如果不懂得进入山林的法术，就会遭遇祸害。祸害之一就是"遭虎狼毒虫犯人"。据说在寅日进入山中，遇

河南南阳七孔桥汉墓画像石所见出行遇虎

到自称“虞吏”的妖怪，就是老虎的化身。自称“当路君”的，则是狼所幻化。《后汉书·周燮传》记载了这样一个故事，一名为冯良的县吏，因为不肯服役，在迎接督邮的路上败坏车马，毁裂衣冠，逃亡他乡。后来寻觅他的妻子见到腐败的车马衣冠，误以为他为虎狼所害，遂为其发丧哀悼。由此可见，在当时人的意识中，行旅之中遭遇野兽侵害是十分常见的情形。在汉代画像石中，经常可以看到出行车队中有猛士与老虎搏斗的场景，有的学者就认为这是出行途中的遭遇老虎袭击的记录。

据说汉桓帝时，巴郡因地方广大，交通不便，前往郡治服役的吏员常常会“陨身江河，投死虎口。”虎患已经严重影响了交通活动的畅通。汉代曾经将南方的荔枝等生鲜水果用驿马传递至京城。据说驿者就经常遭遇虎狼毒害，死亡不绝。后来在汉和帝时才下诏废除这一弊政。据史书记载，在汉顺帝时，老虎曾在平乐观出现。平乐观在洛阳城西近郊，是自洛阳西行至长安的必经之路。《后汉书·儒林列传·刘昆》也记载，“崤、黾驿道多虎灾，行旅不通。”“崤、黾驿道”也就是今天河南三门峡、渑池以至新安一线的交通道路。这条连接长安和洛阳两个都市的交通道路是最为繁忙的。使用如此频繁的道路上竟然也经常遭遇老虎的侵袭。有的

山东滕县西户口汉画像石所见出行遇虎

地名甚至与虎患有关。据说，在汉代蓝田有“虎候山”，早在秦孝公时就于此设立“虎候山祠”。看来，自蓝田东南越秦岭经武关直抵南阳的古道上，很早就有虎灾的危害。《后汉书·西域传·大秦》引述《汉书》说，从安息至大秦的交通道路上，“多猛虎、狮子，遮害行旅，不百余人，赍兵器，辄为所食。”通往今天罗马的交通要道上发生野兽侵袭的行为，竟然会出现在千里之外汉代人的史书中，可见当时猛兽肆虐的程度是多么严重。

曹操的《苦寒行》：“熊罴对我蹲，虎豹夹路啼。”陆机的《赴洛道中作》：“虎啸深谷底，鸡鸣高树颠。”都是说行旅途中的遇虎见闻。高适的《山中夜行》：“夜行畏虎闻，无奈车声响。”杜甫的《复愁十二首》其一有“人烟生处僻，虎迹过新蹄”，《夜归》也说“夜来归来冲虎过”，都说明虎患对当时人的行旅生活形成了实实在在的威胁。而“月明游子静，畏虎不得语”，也十分生动地描绘了夜行游子对于虎患的恐惧。古典小说《西游记》可以看做是唐僧师徒的旅行记录。师徒四人在旅途中经常遭遇豺狼虎豹类妖魔，例如在黑风山遭遇黑熊怪，在黑松林遭遇黄袍怪，在驼罗庄遭遇巨蟒，在狮驼岭遭遇青狮、白象和大鹏等等，这实际也是古人对行旅多遇野兽侵袭的一种曲折反映。

明吴伟绘《灞桥风雪图》

苏轼的名作《江城子·密州出猎》中曾写道：“亲射虎，看孙郎，”所说就是孙权射虎的典故。据《三国志·吴书·张昭传》记载，孙权出外田猎时，常常会乘马射虎，以至于亲手与猛虎搏斗。据说，楚国熊渠之子夜行，遇到一块大石，误以为老虎，于是搭箭射虎，结果“灭矢饮羽”。与此类似的还有李广射虎的故事。卢纶的名作《塞下曲》也因此广为传颂。《水浒传》中也多次提到行旅遭逢虎患的情形。最为著名的是武松打虎和李逵杀虎的故事。景阳冈上的吊睛白额大虫，曾经伤了三二十条大汉性命，来往过客也只得在特定时间结伴而行。武松借酒冒险夜行过冈，惊险地捶杀猛虎。李逵的母亲也是在前往梁山的路上，不幸于沂岭死于虎口，李逵因此连杀四虎。据说这条道路的交通已经因为虎患中断了三五个月。

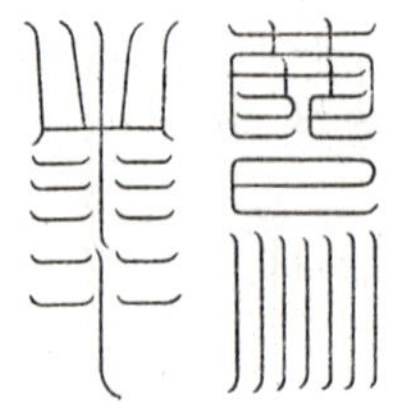

《抱朴子》中的辟虎狼神符

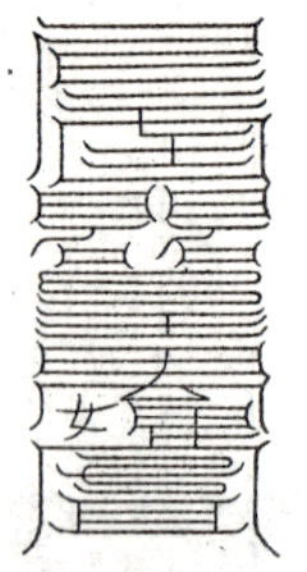

《抱朴子》中的辟百鬼蛇蝮虎狼印

并不是每个人都是力拔山河的壮士，一般人遭逢虎狼时可以用法术辟除。古人入山时，会佩戴名为“黄神越章”的印章。印章长四寸，印文有一百二十个字之多。将印章所印封泥放在停留地方的四周，虎狼就不敢靠近。或者用左手持刀，闭气在地方画方，然后念诵咒语说：“恒山之阴，太山之阳，盗贼不起，虎狼不行，城郭不完，闭以金关。”再将刀放在十天之内的白虎日之上，就会无所畏惧。如果路上发现老虎的新鲜爪印，顺着老虎的脚印盖印，老虎就会离去。如果和老虎正面遭遇，可以闭气冥思，想象自己化为身长三丈的朱鸟站在老虎头上，老虎就会离去。

甘肃榆林石窟壁画西行求法

# 巫蛊诅道险环生

汉武帝时，曾下令禁止巫者在道路上祠祀。巫者在道路上祠祀的目的，是希望将祸乱转移到路过的行人身上。将灾祸转嫁到他人身上的行为，称作“秘祝移过”，在汉文帝时就曾下令禁止。其实，这种在路边“秘祝移过”的巫术由来久远，是一种原始巫术，在世界许多民族中都曾经流行。

弗雷泽的《金枝》中说，乌干达的一个畜牧民族巴希马人常得一种深部脓疮，他们治这种病的方法是把病转给别人，从巫师那里弄一点灵草，用草擦脓肿的地方，把草埋在人们经常走过的地方，谁先踏上埋下去的草，谁就得这种病，原来的病人就好了。在巴干达人中，巫师有时用泥做一个病人的偶像，然后病人的亲属拿偶像在病人的身上摩擦，然后或是把偶像埋在路中心，或是藏在路旁的草里。第一个踩上偶像的人或第一个从偶像旁经过的人就会染上这病。但是为这种害人目的而使用偶像是一桩大罪，任何人在大路上埋偶像，如被捉住，就一定要判处死刑。

西汉时，汉匈之间的战争中，也可以见到巫蛊诅道的情形。据《汉书·西域传下》记载，汉武帝时，匈奴人曾经主动绑缚自己的战马，将它们扔在汉人的城下，还说：“你们要马，我们给你马！”此事引起朝中大臣的争议，有人认为这是不祥之兆，有

居延汉简中的木偶人像

人认为这是匈奴在故意炫耀军威。后来，据匈奴的俘虏说，匈奴人听说汉军前来时，会让巫者将牛羊埋在汉军经过的道路和水源之下，以诅咒汉军。单于送给汉朝皇帝的衣裘，也是匈奴巫者诅咒过的。送马的目的，就是为了诅咒汉军。有学者认为，所谓“诅军”，其实可以看做中国历史上最早的细菌战。生病的牛羊其实是最早的生化武器。汉军接触到这些牛羊之后，就会感染疾疫，削弱战斗力。据推测，英年早逝的汉代名将霍去病，可能就是死于这样的传染病。

霍去病墓“马踏匈奴”石刻

不仅祸乱疾病可以在道路上施法转移，连行旅的疲劳都可以通过巫术得以解除。《金枝》中写道，在帝汶岛的西部地区，当男人或女人长途跋涉十分疲倦的时候，他们用一根带叶的树枝扇自己，然后把枝子扔到他们前辈扔枝子的地方。于是他们的疲乏算是传给了树叶，被扔掉了。有些人则会利用石头代替树叶。同样，在巴伯尔群岛上，疲倦的人用石头敲打自己，认为他们把自己身上的疲倦就这样转给了石头，然后他们把石头扔在专门划出来的地方。世界上有许多偏远的地方都有些类似的信念和做法，因此出现许多石堆或枝叶堆，旅行者常常可以在路边见到，本地土人路过其处都要扔上自己的一份石块、树枝或

陕西兴平霍去病墓

树叶。如所罗门岛或班克岛上的土人常常在陡峭的下坡路上或一段难走的路的起点的这种堆上扔下树枝、石头或树叶，并且说："我的疲倦都到那里去了。"这种做法并不是一种宗教仪式，因为扔在堆上的东西并不是献给神灵的祭品，扔掷时说这种话也不是祷告。它不过是解除疲乏的一种巫术仪式而已，头脑简单的野蛮人认为他能把疲乏转给树枝、树叶或石头，自己也就解乏了。

也有人因听信劝告而成功避免巫蛊的祸害。《晋书·艺术列传·严卿》记载，会稽人严卿善于卜筮。同乡魏序准备前往东方旅行，因为时当荒年，沿途多有强盗劫夺，于是请严卿占卜，测问行旅途中是否安全。严卿劝他万万不可到东方去，否则必遭祸患。如果一定要前往，可以向西城外寡妇家索要一只白色的公狗系在船前，这样可以消灾减祸。但魏序只找到了一只杂毛狗，严卿以为虽然狗的毛色不纯，但已经可以避免灾害，只是家中的六畜可能还要受到损伤。后来严卿的话果然应验。魏序在旅行途中，杂毛狗突然暴死，吐了一斗多黑血。魏序家中的几只白鹅也无故自死。魏序全家则幸而无恙。

路边的玛尼堆

除了巫者能够在道路上施法移病，水中的精怪也可以致人病患。据葛洪《抱朴子·登涉》记载：一个叫石头水的地方水下有大鼋怪，在深潭之中，能够幻化鬼魅，使路过的行人生病。有一位名为戴眪的道士得知后，使用法术制作了数百个封泥，扔进了鼋怪栖身的水潭中。许久，鼋怪浮出水面，戴眪将它杀死。那些因此得病的人马上痊愈了。

更为人熟知的是“含沙射影”的故事。据说在水中有一种名叫“蜮”的怪物，能够用沙袭击路过的行人。被射中的人会身体疼痛，头疼发热，严重的甚至会死去。曾经有人用方术将此病治愈，在患者的皮肉中发现了“蜮”吐出的沙石。还有令人更加惊恐的传说。说“蜮”在三十步之外就能用气射人，即使射中人的身影也会得病。被射中的十分之六七都会死去。只是如此厉害的水怪居然怕鹅。鹅可以轻易将“蜮”作为自己的美餐。据说，蜮在冬天蛰伏于山谷之间。大雪之后，蜮所在的地方没有积雪，并且有蒸汽冒出。将其掘出后阴干，佩带于身，就不会再遭受蜮的侵害。

还有一种虫蛊名为沙虱，会在雨后和晨暮时分附在人的身体上吸血。沙虱会钻入人的身体之中，所钻的地方像芒刺一样，稍微一动就疼痛难忍。沙虱必须用针挑出来，否则会钻入骨头，周行全身，令人死亡。人经过沙虱多的地方后，要用火燎炙全身，沙虱就会坠地。要想辟除蜮和沙虱，可以携带诸如八物麝香丸、度世丸、护命丸、玉壶丸、犀角丸、七星丸等丸药。如果一时不能得到这些药，携带上好的生麝香效果也不错。如果已被虫蛊所中，用捣碎的雄黄和大蒜或者捣碎的赤苋草汁液涂抹于患处，就可以痊愈。

# 登山涉水习法术

深山密林之中，是一个神秘莫测的地方。古代的自然界开发有限，外出旅行难免要穿行山林。据说山无大小，皆有神灵。古代凡是修行法术、配制丹药，以及避乱隐居之人，无不需要进入深山。然而“太华之下，白骨狼藉”，不懂得入山法术，就会遭受患害。或沾染疾病，或被荆棘刺伤，或惊恐不安，或看见神秘光影，或听见诡异声响，或看到大木无风摧折，或看到岩石无故自坠，或迷惑狂走坠入山谷，或遭遇虎狼毒虫殒身丛林。因此，如何进入山野丛林，也衍化出许多法术巫俗。

进山要寻找恰当的时间。三月和九月是最佳的入山时间，在这两个月中还要选择吉日佳时。如果急切需要入山，至少要选择吉日佳时。甲子、甲寅、乙亥、乙巳、乙卯、丙戌、丙午、丙辰，这些日子是大吉之日。入山禁忌正月午日、二月亥日、三月申日、四月丑日、五月戌日、六月卯日、七月子日、八月巳日、九月寅日、十月未日、十一月辰日、十二月酉日。另一种说法是，入山大月忌三日、十一日、十五日、十八日、二十四日、二十六日、三十日，小月忌一日、五日、十三日、十六日、二十六日、二十八日。如果这些日子上山，就会或为山神所惑，或与虎狼毒虫相遇。攀登五岳也有各自忌日。

汉青龙瓦当

甲乙寅卯年的正月二月不宜攀登东岳；丙丁巳午年的四月五月不宜攀登南岳；庚辛申酉年的七月八月不宜攀登西岳；戊己年的四季之月不宜攀登中岳；壬癸亥子年的十月十一月不宜攀登北岳。

山中又有精怪能够假托人形，眩人眼目，入山的老道都会将一面铜镜绑在自己背部。如果遇到神仙，镜中就会显现人形。如果是鸟兽幻化的精怪，镜中就会显现出它们的原形。精怪离开时，必定是倒着走的。这时用镜子照射，没有脚后跟的一定是精怪，有脚后跟的则是山神。据说高明的道士入山，都要持《三皇内文》和《五岳真形图》，随时召唤山神询问精怪的名录。这样，精怪自然不敢近身。法术稍差的道士，则携带镇厌精怪的神符和印章，将四周封锁，这样精怪也不敢近身。法术更差的道士，则手执八威之节，佩带《老子玉策》，这样就可以驱使山神为其护航了。

山林中有各种精怪出没。如果遇到火光不要惊慌，这是枯木在作怪。遇到胡人，则是铜铁之精。遇到自称是秦地的人，则是百岁树精。它们都不能加害于人，因此不用惊慌。还有一种精怪是官吏打扮，往往只闻其声不见其人。它会不停地呼喊人的名字，向它扔白石子或者用芦苇作的矛刺它就会逢凶化吉。如果遇到呼喊人名乞食的鬼怪，也向他扔白色茅草即可。若是遇到迷失道路的鬼怪，用苇杖投掷，它就会死掉。

汉尚方四神规矩铜镜拓片

山林中还有各种动植物幻化的精怪。子日入山,遇到自称是“社君”的,是鼠;自称是“神人”的,是蝙蝠。丑日入山,遇到自称是“书生”的,是牛。寅日入山,遇到自称是“虞吏”的,是老虎;自称是“当路君”的,是狼;自称是“令长”的,是狸。卯日入山,遇到自称是“丈人”的,是兔;自称是“东王父”的,是麋鹿;自称是“西王母”的,是鹿。辰日入山,遇到自称是“雨师”的,是龙;自称是“河伯”的,是鱼;自称是“无肠公子”的,是螃蟹。巳日入山,遇到自称是“寡人”的,是社庙中的蛇;自称是“时君”的,是龟。午日入山,遇到自称是“三公”的,是马;自称是“仙人”的,是古树。未日入山,遇到自称是“主人”的,是羊;自称是“吏”的,是獐。申日入山,遇到自称是“人君”的,是猴;自称是“九卿”的,是猿。酉日入山,遇到自称是“将军”的,是鸡;自称是“捕贼”的,是雉。戌日入山,遇到自称“人姓字”的,是狗;自称是“成阳公”的,是狐。亥日入山,遇到自称是“神君”的,是猪;自称是“妇人”的,则是金玉。

如果通晓山中精怪,见到它们时呼喊它们的名字,也可以保全自身。山中有一种精怪,形似孩童,但是只有一只脚,并且倒着走路,喜欢侵犯来人,这种精怪名为“蚑”。夜晚如果听到有人大声说话,就是“蚑”在作怪,只要叫它的名字,它就不敢前来侵犯。还有名为“晖”的精怪,像红色的鼓,也只有一只脚;名为“金累”的精怪,身似人形,长九尺,头戴斗笠,身披裘皮;名为“飞飞”的精怪，身体像龙，有五种颜色，赤角。在山中遇到它们时，只要呼喊它们的名字，就无妨了。还有些精怪会带来好运。山中有一种会说话的大树，其实是树中的精怪，名为“云阳”；还有官吏打扮的人，名为“四徼”；戴着头冠巾帻的大蛇，名为“升卿”。遇到它们时，呼喊它们的名字，就会大吉大利。

对付毒蛇也有许多方法。雄黄是厌制蛇的良药。据说黄帝攀登圆丘山前，广成子让他带上雄黄，结果毒蛇全部逃遁。进入深山携带五两以上武都出产的上好雄黄，就不怕毒蛇骚扰了。道士入山，会利用法术辟除毒蛇。进山之前，要先在家中学习禁法。心中默思日月及朱雀、玄武、青龙、白虎，让它们护卫周身。进入山林草木之后，向左吸三口气，再吹向草丛，想象这些气如同赤色云雾弥漫到周围数十里范围。如果有人随行，则让他们排列起来，向他们吹气。如此这般，即使遇到毒蛇，蛇也不敢移动。还有一个方法是，进入山林后，想象着面对五色毒蛇各一，闭气用青竹和小树枝扎刺它们，然后向左回绕着走禹步，再想象穿着有数千蜈蚣制作的衣服，就不会遇到毒蛇了。

汉白虎瓦当

也可以利用蛇的天敌镇压毒蛇。麝、野猪、鸩鸟和蠳龟都以蛇为食，故可以将猪的耳垢和麝香丸放入脚趾，或者携带蠳龟的尾巴和鸩鸟的喙辟除毒蛇。南方人入山时，会携带盛装活蜈蚣的竹管。一旦附近有蛇，蜈蚣就会在管中活动。即使身长丈余的大蛇，蜈蚣也会将其杀死。就算大蛇逃入川谷深水，蜈蚣也可以深入水下，将其杀死。此外，将干姜、附子携带在肘后，或者焚烧牛羊鹿的角来熏身，也可以辟除毒蛇。

如果遇到毒蛇，可以对着太阳向左吸三口气，用舌头抵住上颚，手捻都关，关闭天门地户，然后找东西压住蛇头，用手在地上画出牢狱囚禁毒蛇。即使蛇缠住了人的脖子，使用这种法术，它也不敢啮咬。如果有人被蛇咬中，则向左吸三口气，然后吹向伤者，就会去除疼痛。如果两人相隔甚远，也可以使用此法，但口中要呼喊伤者的姓名。伤者是男人就祝告左手，伤者是女人就祝告右手，此人便会痊愈。毒蛇之中，蝮蛇和青金蛇最为危险。这两种蛇在七八月毒性最大的时候，如果无人可咬，就会啃咬山中竹木，被咬竹木会马上焦枯。如果被它们咬伤，得不到及时救治，一天之内就会死亡。救治方法是，用刀将伤口四周的肉切除扔到地上。这块肉会像被火烧烤一样迅速焦黑，被咬之人才会脱险。

汉朱雀瓦当

渡涉江河湖海，则要防备水中龙蛇作怪。道士有许多辟除水怪的法术。如，涉水之前，在岸边打碎一枚鸡蛋，再添加少许香末，倒入水中搅拌，然后用水洗濯即可。也可以佩带东海小童符、制水符、蓬莱札等神符。或者念诵咒语：“卷蓬卷蓬，河伯导前辟蛟龙，万灾消灭天清明。”都可以辟除龙

汉玄武瓦当

蛇。还有更复杂的办法:在五月丙午这一天正午,将雄黄、丹砂、雌黄、矾石、曾青五种矿石捣为粉末,掺入铜矿中,让童男童女冶炼。所用燃料,开始时要用桂木,铜成后再用刚炭煅炼。然后用牡铜锻造雄剑,用牝铜锻造雌剑,各长五寸五分。要想分辨铜的牡牝,需要让童男童女在铜被熔炼为红色时向其浇水。铜会分为两段,有凸起的是牡铜,有凹陷的则是牝铜。入水时,将雄剑带在左边,雌剑带在右边,就不怕水中精怪了。如果是乘船入水,则只需在阳日佩带雄剑,阴日佩带雌剑。

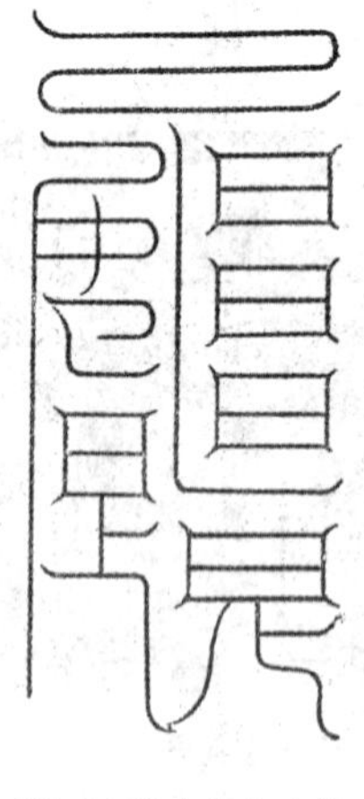

《抱朴子》中的入山符

更奇特的是步行水上的法术。据说,龙巢山下的丹水中出产一种丹鱼。将丹鱼血抹脚,涉水就可以如履平地。或者用葱的汁液调和桂皮,制成梧桐子大小的丸药。每日服三次,每次七丸,坚持服用三年即可行走于水上。最神奇的是久居水中的法术。据说,研习一种闭气法术,达到调息一千次而不呼吸的境界,就能在水中生存一天。而用三寸长的通天犀角,雕刻为鱼,衔在口中入水,水就会自动避开,这样就可以在水中自由呼吸了。

# 行旅禁忌如牛毛

旅行在外，有许多禁忌需要遵守。不仅要遵守本地的出行禁忌，还要遵守沿途以及目的地的出行禁忌。由于各地风土人情不一，行旅禁忌也五花八门，细密繁杂，行旅之中遇到的所有情况几乎都有禁忌需要遵从。

出门要选择合适的时间。《论语·里仁》说："父母在，不远游。"如果父母年事已高，孩子不应长时间出行在外。在出行日期的选择上，也忌讳在家中亲人去世的日子远行。各地还有"六腊月出门，神仙也遭难"的民谚。因为六月、腊月气候恶劣，出门容易损伤身体。

出行还要选择合适的方向。湖北云梦睡虎地秦简《日书》对出行方向有详尽规定。如，春三月乙丑不可以向东走，夏三月戊辰不可以向南走，秋三月己未不可以向西走，冬三月戊戌不可以向北走。这些日子是"百中大凶"，如果违反禁忌，则"二百里外必死"。在"四门之日"也有禁忌需要遵守，即辛壬不可以向东南行，这是日之门；癸甲不可以向西南行，这是月之门；乙丙不可以西北行，这是星之门；丁庚不可以向东北行，这是辰之门。在这些日子出行，也是不吉利的。还有

明无名氏绘《圣迹图》中的孔子出行

如“午，北吉，东得，南凶，西不反”；“未，东吉，北得，西凶，南毋行”等内容。

洪门是近代民间的秘密社会组织。对洪门有特殊宗教意义的“木杨城”，其四个城门的对联都与出行方向有关。东门是：东方甲乙难行走，日月山河江海来。西门是：庚辛生路要小心，二路分明西无妨。南门是：丙丁火路甚炎热，漳泉平州南京凉。北门是：壬癸水路实难走，云南四川有定程。在与东西南北四方相对应的日期，有着各自的出行宜忌。在不同的时间选择不同的出行方向对于出行平安有着特殊的意义。毕竟没人会拿自己的生命开玩笑。

出行车船的制造也有很多讲究。在河南地方，制作车船的木材不能用枣木、桦木、椴木，因为它们与“糟”、“化”、“断”谐音。所用木材中必须有梨木、桃木、松木，因为梨木象征吉利，桃木、松木则能辟邪。还有的地方造船有“头不顶桑，脚不踩槐”的说法。船头不能用桑木，因为“桑”与“丧”同音。脚下不用槐木，因为槐木会带来福气，不能踩在脚下。在安徽，造船动工要选择黄道吉日，燃放鞭炮。在一些重要工序进行时，如装船头、竖大桅时，船主要款待木工酒菜，并送红纸包。为图吉利，甚至连木工的斧声和敲钉声也有讲究。

河北安平逯家庄汉墓壁画车马出行图(局部)

出行在外，吃住也不能像在家中一样从容自在，禁忌繁多。吃饭时不能先喝汤，也不能泼了汤。要用汤匙，不能端着碗喝汤。不能失落了筷子，也不能打破了碗。还有“出门千里，不吃枸杞”的说法。因为枸杞是补肾壮阳的药物。男子出行在外，容易沾花惹草，“不吃枸杞”是对男子的含蓄告诫。福建地方行人住店临睡前，要做一些禳解手势，口称“借一晚”，请原居于此床的鬼魂让位，才能上床安睡。一些地方起床时不能站在床上。借宿时，不能站在或坐在人家的门槛上，否则会触犯门神。

行旅途中所见所闻也有很多禁忌。福建人如果出门遇到电闪雷鸣，则是雷公震怒，应暂缓出行。湖北人认为，出行前夜如果梦见星空万里，井内清水外涌、莲花盛开则可行。梦见结婚、唱戏、小儿啼哭，则不宜行。旅行途中忌讳听到乌鸦叫，如果听到可以吐口水或念咒语进行禳解。有的地方出行遇到猫、狗挡路，则视为不祥。因为这预示可能容易遇到虎狼等野兽。出门还忌讳被鸟粪击中。如果遇到，要将鸟粪取下用石头砸烂，并向其吐口水或者回家吃煮鸡蛋进行化解。湖北地方出行听到喜鹊叫，大吉；听到猫头鹰叫，则大凶。如果见到“马百岁”（一种多足昆虫）则有喜，见到蜘蛛吐丝，则行路艰难。如果在山林行进遇到瘴气，可以抽叶烟或用其他气味强烈的东西进行化解。湖北地方商人出行忌遇到提空篮，挑光扁担的。读书人出行忌遇到杀猪、挑木炭的。对于出行时遇到红白事，各地说法不一。

广东广州东汉墓出土陶船

有的地方行路忌讳遇到出殡。如果遇到可将衣帽脱下扑打数次，以消除晦气。福建人则认为，“出门遇棺材，升官又发财”。甘肃人出行如果遇到老人的丧葬则是吉，遇到为儿娶亲则是凶。

此外还有许多其他禁忌。如，忌对着交通工具拉屎撒尿；忌在外恶死；忌将在外恶死者运送回家；忌骑马入寨；忌骑马至门前；忌携马鞭入室；忌远行前洗脚；忌拔去脚毛；忌坐在扁担上等等。还有的地方忌讳“离散”，称梨为“圆果”，伞为“竖笠”。出门在外还忌讳没有礼貌，因为“出门无礼，多走十里”。

俗话说，“玩船如玩命”。水路航行的风险高于陆路出行，因此水路航行的禁忌也更加复杂。

行船要祭祀河神，对河神的祭祀自古就有。元代诗人王逢《江边竹枝词》说：“石筏横津蛟莫窥，近山张弩或眠旗。依作神衫与神女，祈水祈风郎不知。”“张弩”、“眠旗”、“作神衫”都是十分特别的辟凶娱神的方式。明人唐之淳的《竹枝词·黄河所见》记述了黄河航运祭祀龙王，祈求顺风的民间礼俗：“金龙王庙在河干，刲羊烧酒上杯盘。乞得好风行半月，归来庙下赛衣冠。”杨慎的《竹枝词九首》也写道：“青江白石女郎

明马轼绘《归去来兮图·问征夫以前路》

神，门外往来祈赛频。”这些都反映了水行祀神的民俗，其出发点都在于祈求避除危难，保佑安全。

这样的习俗一直延续至今。四川川江船工的祭神仪式在船头进行。船工口中先念“吉利”，再宰杀一只大红公鸡。若鸡血颜色发暗、发黑，或血液凝固，就是不吉，行船要倍加小心。如果血液鲜红，细细流出，则是大吉。大家随后还要点鸡血，贴鸡毛。吃鸡肉也有讲究。鸡头要留给喊号子的和“前驾长”，“后驾”吃鸡尾，“推二桡”的吃腿、脚，拉纤的吃鸡肠。船主把鸡分给大家后，各人再放入大碗中共享。四川人还认为，六月初六是镇江王爷生日，船家船工要办“王爷会”，宴请宾客，演戏娱神，祈求平安。河南民间的船舱中要放置“河大王”。每逢初一、十五进行烧香供奉。每次起航前，也要向其磕头烧香、燃放鞭炮求其保佑。在黄河沿岸，一次运输结束后要献羊供奉，并将羊血绕船滴洒一周。伊洛河船工则将鸡血洒在船的周围。各地沿河还建有“龙王庙”或“大王庙”，在逢农历五月十三“大王”生日这天要供奉礼拜。福建一些大帆船出行前有“放洋”的仪式。将一艘船模顺流放出，取顺风顺水、一路平安之意。当地除了祭祀妈祖，还要将一大海碗酒菜倒入水中祭祀海中孤魂，祈求他们不要危害航行。

水路航行非常在意语言的禁忌。走水路坐船忌讳说“翻”，

湖北江陵毛家园汉墓出土独木舟

遇到有“翻”的字，要改为“转”，船帆也称作“抹布”。乘船忌背手，因“背”即“反”，与“翻”同音。忌说“滚”，“搁”，“水滚开”只说“水开”，“搁那儿”说“放那儿”。忌言“倒”、“洗”，说洗澡为“筛凉”、倒水为“清水”，倒桅为“眠桅”。破漏的“破”、逆风的“逆”，掉头的“掉”也都在禁忌之列。碗代表船，筷即箸，与“住”同音，于是忌架筷于碗，因为这表示住船。忌搭船者在船上小便，因为小便气味为“臊”，而“臊”与“烧”音近。在四川，因“十四”与“失事”谐音，因此十四这天，称作“吉祥号”。因“盛”与“沉”谐音，盛饭要说“添饭”。陈姓人坐船要自称姓“耳东”或“康”，因“糠”(康)能漂浮于水面之上。甚至连容易引起“翻”、“陈”联想的行为也在禁忌之列，如忌将碗、帽子覆置，煎鱼吃鱼都不允许翻动。水手也不能挽裤脚。乘客如果不小心触犯规矩，马上会受到老人或船家严厉斥责。

还有其他的行为禁忌。如，忌人从船头经过；忌人坐在未下水的竹筏上；忌船过桥下时开口说话；忌盛载死人；忌把碗打烂；忌赤裸上身吃饭；忌用汤泡饭；江浙一带，忌将并行二船用铁链锁闭。很多地方船民还忌老鼠由船上岸，认为这是船要出事的先兆，一定想办法把老鼠弄回船上，才能出航。吉林的满族人坐船如果携带锣鼓乐器，要先演奏一番，用以娱神。如果遇到风险或搁浅，乘客要向河神祈祷，不许大哭大闹。

《康熙南巡图》中的漕运景象

# 行神种种护左右

行神祭祀在古代的祭祀系统中占有重要地位。但如此重要的一位行神，其本来面目却不甚清楚。汉代学者郑玄在注释《仪礼·聘礼》时说："行者之先，其古人之名未闻。"又说："今时民春秋祭祀有行神，古之遗礼乎？"晋人嵇含的《祖赋序》也说："虽共奉祖，而莫识祖之所由兴也。"可见，这一仪式虽然渊源甚久，在汉晋时期也曾一度风行，但祭祀的对象却已经搞不清楚了。

从现存的文献来看，行神又称作"祖"。一说"祖"为共工之子"修"。《风俗通义·祀典》说，共工的儿子名叫"修"，平生喜好远游，凡是舟船车辆可以驶达，行人足迹曾经践履的地方，无不亲临游历，于是被尊崇为"祖神"。一说为黄帝之子"累祖"。唐人司马贞的《史记索隐》引述崔浩的说法说，黄帝有一位名叫累祖的儿子，因喜好远游死在行旅的途中，因此成了行神。在有的说法中，黄帝之子"累祖"变成了黄帝之妻"嫘祖"。《云笈七签》卷一〇〇引《轩辕本纪》说："黄帝游行四方，元妃嫘祖死于道，帝祭之以为祖神。"黄帝的妻子嫘祖在陪同黄帝游行四方的旅途中去世，因而成为"祖神"。无论这位行神是谁，他一定是一位喜好远游的古代旅行家。

随着历史的发展，原本面目模糊的行

神又被逐渐形象化，各式各样的行路之神被想象力丰富的民众创造出来。

“方相氏”是《周礼》中记载的神灵之一。《周礼·夏官》说方相氏“掌蒙熊皮，黄金四目，玄衣朱裳，执戈扬盾，帅百隶而时傩，以索室驱疫。大丧，先柩。及墓入圹，以戈击四隅，殴方良。”方相氏蒙着熊皮，带着黄金做成的有四只眼睛的面具，身穿上黑下红的衣裳，手持戈盾，率领手下表演傩戏，驱逐疫疠。在丧礼中，方相氏走在灵柩之前开路，灵柩下葬前，还要用戈击打墓的四角，驱逐邪魔。这位原本以辟鬼除魔为职的神灵在后世的《三教源流搜神大全》中被奉为“险道神”，又有“阡陌将军”、“开路神君”等与行路相关的名号。据说他身长一丈有余，头广三尺，须长三尺五寸，须赤面蓝，头戴束发金冠，身穿红色战袍，脚穿皂皮靴，左手执玉印，右手执方天画戟。虽然形象有所变更，但是他的本职工作却并未丢弃。在丧葬活动中，他依然行在队伍之前以厌胜恶鬼凶煞。明人刘元卿的《贤弈编》将方相氏与嫘祖联系到了一起。嫘祖随黄帝周游死在路上之后，黄帝命另一位妻子好嫫监护嫘祖，又让方相氏在夜间值班以辟除恶鬼。大约因方相氏原本就行在送殡队伍之前，又能驱鬼逐魔，后来便演化成为开路神了。

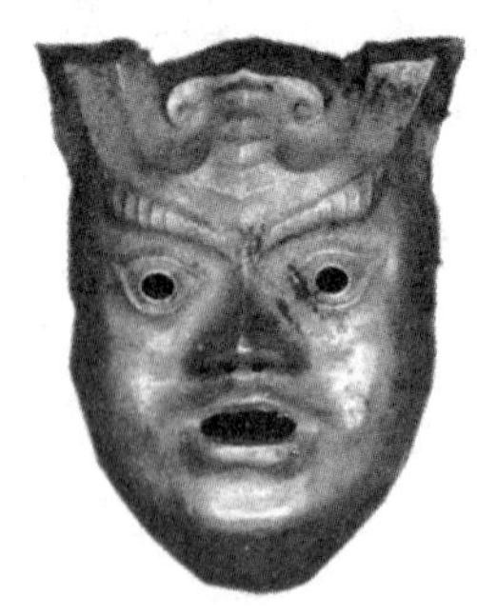

战国黄金面具

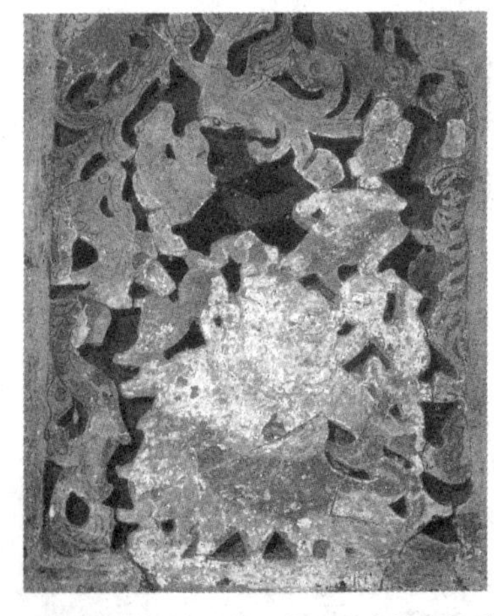

河南洛阳烧沟61号汉墓壁画中的方相氏

除了陆路的行神之外，还有名目众多的水路行神。

急流险滩有滩神。《氏族大全》卷二一说，一名为翟干佑的术士曾经召问云安地方的滩神，让他们平息激流险滩，但因为滩神的阻止并未成功。《八闽通志》卷一二说福安黄牛滩水势险恶，传说一位道士死后化为此地的滩神，舟船通过都要向他供奉以保平安。

钱塘江有潮神。据《续文献通考》卷三和《钱塘遗事》卷一记载，钱塘江潮神名为陆圭。他是宋代人，因主持钱塘潮防有功而封为广陵侯，死后成为钱塘潮神。辅助陆圭的小神还有三位女子和十二位潮神。据说凡是有海船路过陆圭之祠，都要虔诚供奉诸神。如果想趁早晚潮汛之时出航，必须先在此占卜，以免风涛之险。如果没有卜问神灵，是断不可擅自出航的。

长江三峡滟滪堆

南海之中有“天门都督”。据宋人罗浚《宝庆四明志》卷二一记载，南海之中有天门山，此处水势湍险，往来舟舶必定要在天门都督的祠所供奉祷告，否则必遭祸患。唐贞观年间，有位会稽商贩因祭祀完毕后误将祭肉携带而去，出行十余里就遭遇逆风，船又被吹回天门都督的祠所。商贩顿时醒悟，复加祈谢，才得以安济。唐代永徽年间，有位工匠携带所获工钱路过此处，因没有诚心祀祷，出行不久就船

钱塘潮

覆人亡。

水路行舟有船神。唐人段公路的《北户录》卷二载，南方一些地方出航之前要用鸡骨占卜，还要用肉来祠祀船神，口呼“孟公孟姥”以禳除不祥。这“孟公孟姥”就是船神之名。南朝宋人刘义庆《幽明录》载，秣陵人赵伯伦曾前往襄阳，出行前船夫用猪肉祭祀船神，但船夫偷工减料，只用了猪肩进行祭祀。晚上赵伯伦梦到“一翁一媪”，布衣白发，手持船桨，冲他发怒。第二天航行，一路触砂冲石，十分不畅。于是赵伯伦重设佳肴厚馔，祭祀船神，旅行才得以顺利。这个故事中的“一翁一媪”，可能就是“孟公孟姥”故事的原型。

以上诸神都是地方社会小范围供奉的水路行神，在众多水神之中，影响最大的莫过于天妃了。天妃，又称天后、妈祖、林夫人、妈祖婆、天仙圣母、水仙圣母、东安妈、潮州妈等。天妃信仰流布广泛，因此各地的天妃传说也各不相同。流传较广的说法是，天妃姓林，名默娘，是福建莆田人。她生来就与众人不同，从小就会诵经娱神。她的四位哥哥都以海上经商为业。据说她曾经化身海神，营救了在海上遭遇风暴的兄弟。等她稍稍年长，誓不嫁人，后来在生日这天端坐登仙。此后天妃常常现形救助往来船只。如果在海上遇难，船夫号呼求救天妃之名，天妃就会化身红灯、火光、粉蝶、黄雀等前来救助，于是风浪顿息，人船俱安。天妃信仰在民间影响广泛，据清人赵翼《陔余丛考》记载，“江汉间操舟者，率奉天妃，而海上尤甚”。只要是靠海的地方和江河码头，都有天妃供奉。

天妃传说的影响日益广大，连官方出航也需要祷告祭祀。元代粮船自刘家港出发之前必须先向天妃祷祝。祭祀场面十分宏大，万船云集，由主管官员斋戒祭祀，如果卜得吉兆，才能出发北上。历代统治者也对天妃屡有加封，有“顺济”、“灵惠”、“善利”、“助顺”、“显卫”、“英烈”、“协正”、“集庆”等封号。到了清乾隆年间，加封天妃为“护国庇民妙灵昭应弘仁普济福佑群生诚孚天后”，封号多达二十字。原本只是保护水上航行安全的水神，竟然成为可以“护国庇民”的神母。

河北石家庄上京村毗卢寺壁画的天妃形象

除了以上所说水陆诸神，各地的山川之神也往往兼管一方行旅安全，如果旅行者不慎触犯了当地神灵，轻则耽误行程，重则车船败坏，财尽人亡。

# 洗尘接风旅途终

当艰苦劳顿的旅途行将结束时，远方的朋友往往会置备酒席迎接风尘仆仆的来客。接风洗尘，可以看做是行旅终结的一种象征。这一民间习俗，甚至逐渐演变为一种礼仪规范。

“接风”的说法在明清时期就比较常见。《儒林外史》第十回“鲁翰林怜才择婿，蘧公孙富室招亲”有：“两公子欢喜不尽，当夜设席接风。”《红楼梦》第四回“薄命女偏逢薄命郎，葫芦僧乱判葫芦案”说到薛蟠一家由金陵入都，贾府上下欢喜不已，“治席接风”。第六十九回“弄小巧用借剑杀人，觉大限吞生金自逝”说贾琏往平安州办事归来，凤姐“命摆酒接风”。接风自然离不开酒。《水浒传》第五十回“吴学究双掌连环记，宋公明三打祝家庄”说到宋江率众打祝家庄得胜回寨，“寨里头领晁盖等擂鼓吹笛，下山来迎接，把了‘接风酒’”。

丰盛的接风宴

“洗尘”也是迎接远来宾客的用语。文豪苏轼的诗中就有“伫闻东府开宾阁，便乞西湖洗塞尘”的说法。“洗尘”的由来，或许源于行旅蒙被风尘而产生的厌畏心理。“蒙尘”一词，本就是行旅遭遇风尘，后来也引申为人生遭遇苦难。传说神仙出行时，会有雨师洒道。汉武帝的《朝陇首》就曾写道："腾雨师，洒路陂。"古代帝王出行也有净水泼街的仪式。其目的不外乎防止尘土污染帝王行舆。

接风洗尘，又有"软脚"、"濯足"的说法。"软脚"出自《旧唐书·杨国忠传》。据说唐玄宗时权倾朝野的杨国忠，出行归返都会受到玄宗慰劳。杨国忠归来时的宴饮就称作"软脚"。"软脚"的本义，可能是让旅人疲惫的双脚得到休息放松。直到清代，民间依然通行以"软脚"迎接旅人的说法。例如赵翼诗中就有"一尊软脚筵，不觉成久坐"的诗句。又如厉鹗"冷食正宜供软脚，几年相见更华颠"，都是当时"软脚"之说颇为普及的例证。《喻世明言》中有一个马周濯足的故事。唐代人马周一次在行旅路上曾将吃剩的酒倒入洗脚盆中洗足。大家见了，无不惊怪，以为马周是超凡脱俗的高士。酒确实具有消乏的功效。红军长征路过茅台镇时，除了畅饮茅台酒之外，也曾用酒洗濯双脚，以此消除疲劳，据说功效显著。

然而，当行者踏入陌生的土地时，并不是所有的欢迎都是善意的。据英国著名人类学家弗雷泽研究，有些迎接仪式的原始意图，其实并不是对客人的真心欢迎。尤其是对陌生人而言，那些欢迎礼仪的动机与其说是对客人的尊崇，不如

山东嘉祥武梁祠画像石仙人出行图(摹本)

说是对他们不能明言的敬畏。在南太平洋的纳努米亚岛上,凡外来船舶登岸或外岛来的生人,每人(或推出代表)都必须先朝拜岛上的千座神庙,祷告神祇驱逐他们可能带来的疾病和邪恶,然后才能和本地人交往。在波利尼西亚人居住的翁东爪哇群岛,凡陌生人来临,必须先让岛上巫师在他们身上洒水、涂膏,并系上干枯的露兜树叶。巫师们还在四周泼水撒沙,用新鲜树叶擦拭来客和他们的船只,然后才领这些外来人去见岛上的头人。在阿富汗和波斯的某些地方,旅客进入村庄之前,村人必先燃火焚香,用牲禽的生血或熟肉举行祭祀。阿富汗边境使团经过阿富汗的村庄时,常常受到焚香迎接,有时村人还将一盘余烬撒在来客坐骑的蹄下,同时祝告说:“欢迎,欢迎。”中国传统礼法中,有“敬而远之”的说法,用来形容这种欢迎仪式的真实意图,是最恰当不过了。

即使是一个从外乡旅行归来的故人,也可能从陌生人那里沾染上某些邪魔。因此回到故乡与亲友团聚前,也要进行一些祓禊仪式。贝专纳的土人从异乡旅游回来总要理发沐浴净洁一番,恐怕从外乡人那里染来巫术邪恶。西非一些地区,男人久别家园,回来后同妻子会面之前,必先用特定的水沐浴并经巫师在前额上做一记号,借以消除外乡女人在他身上施行的符咒。这种符咒如果不能消除其魔法,就可能通过他传染给本村其他妇女。旧时福建邵武、武夷山一带,家人远行归来要在门口烧一把火,归者从火上走过,其用意也是为驱除恶鬼以保平安。

《史记·日者列传》说:“正时日,乃后入家。”回家的日期也有禁忌需要遵守。在云梦睡虎地秦简《日书》中,专门提到回家的禁忌日期。正月初七、二月十四、四月初八、五月十六、六月二十四、七月初九、八月十八、九月二十七、十月初十、十一月二十、十二月三十日,这些日子不可以出行也不可以回家。如果违反禁忌,就会大祸临头。正月、四月、七月、十月的乙丑日,二月、五月、八月、十一月的丙寅日,三月、六月、九月、十二月的甲子日,同样不能出行,也不能远行回家。这些日子被称作“出亡归死之日”。另外还有“久行毋以庚午入室”的规定。此外,在壬戌、癸亥二日出行或回家,也会遭遇凶祸。

不要以为这只是老黄历上死板的记录,民间真的有严格遵从这些禁忌的人。《后汉书·郭躬传》说,汉桓帝时,汝南有一位名叫陈伯敬的人,平生谨小慎微,行动坐卧都要方方正正。他出行时若在路上听到坏消息,就会马上停止前进。如果赶上当日不适合回家,他就会寄宿在家乡附近的亭舍。不过,因旅行时日禁忌实在繁复,像陈伯敬这样严格遵守民间禁忌的人并不多见。正如《颜氏家训》所说:“拘而多忌,亦无益也。”

内蒙古和林格尔汉墓壁画车马出行图(局部)

# 主要参考书目

王子今:《中国古代行旅生活》,商务印书馆国际有限公司 1996 年版。

王子今:《交通与古代社会》,陕西人民教育出版社 1993 年版。

王子今:《邮传万里——驿站与邮递》,长春出版社 2004 年版。

王子今:《跛足帝国——中国传统交通形态研究》,敦煌文艺出版社 1996 年版。

陶立璠主编:《中国民俗大系》,甘肃人民出版社 2002 年版。

赵宇共:《中国民俗通志·交通志》,山东教育出版社 2005 年版。

[英]J. G. 弗雷泽著,徐育新、汪培基、张泽石译:《金枝》,新世界出版社 2006 年版。

江绍原:《中国古代行之旅研究:侧重其法术的和宗教的方面》,商务印书馆 1935 年版。

刘长乐主编:《中华古文明大图集》,人民日报出版社、乐天文化(香港)公司、宜新文化事业有限公司 1992 年版。

# 中国民俗文化丛书

|  |  | |  |  |
|---|---|---|---|---|
| 《中国陋俗》 | 徐凤文 | 王昆江 | 著 | 10.80元 |
| 《中国门神画》 | 王树村 | 刘　莹 | 著 | 12.50元 |
| 《民间禁忌》 | | 任　骋 | 著 | 11.80元 |
| 《民间神像》 | | 孙建君 | 主编 | 10.80元 |
| 《祥禽瑞兽》 | | 孙建君 | 主编 | 11.80元 |
| 《护身符》 | | 孙建君 | 主编 | 10.80元 |
| 《中国祈福神》 | | 乔继堂 | 编著 | 9.20元 |
| 《民间节日》 | | 乔继堂 | 编著 | 10.50元 |
| 《中国吉祥物》 | | 乔继堂 | 编著 | 10.20元 |
| 《民间婚俗》 | | 万建中 | 著 | 7.60元 |
| 《生肖民俗》 | | 吴裕成 | 著 | 8.20元 |
| 《吉祥图案》 | | 乔继堂 | 著 | 10.00元 |
| 《民间工艺》 | 宋春兰 | 董季群 | 编著 | 9.70元 |
| 《育儿民俗》 | | 万建中 | 著 | 10.20元 |
| 《梦与梦占》 | | 韩　帅 | 著 | 8.00元 |